2030 뉴스 사용설명서

이종탁

신한대학교 미디어언론학과 교수. 건국대 축산대와 한양대 언론정보대학원을 졸업했다. 1984년 경향신문사에 입사해 사회부·경제부 기자, 사회부장, 논설위원 등을 지냈으며 2014년 대학으로 옮겨 저널리즘에 대해 강의하고 있다. 언론중재위원회 중재위원, 우정사업본부 우정사업운영위원을 지냈다. 저서로는《훔치고 배우고 익혀라》,《우체국 이야기》,《칼럼의 이해》등이 있다.

2030 뉴스 사용설명서

초판 인쇄 2018년 11월 1일
초판 발행 2018년 11월 5일

지은이 이종탁 **펴낸이** 박찬익 **편집장** 황인옥 **책임편집** 한소아
펴낸곳 (주)박이정 **주소** 서울시 동대문구 천호대로 16가길 4
전화 02)922-1192~3 **팩스** 02)928-4683 **홈페이지** www.pjbook.com
이메일 pijbook@naver.com **등록** 1991년 3월 12일 제1-1182호

ISBN 979-11-5848-407-1 (03070)

*책값은 뒤표지에 있습니다.

2030 뉴스
사용설명서

이종탁 지음

(주)박이정

오늘날 한국 사회 문제 중 하나는 뉴스와 청년의 관계 단절이다. 청년은 뉴스를 외면하고, 뉴스는 청년을 배려하지 않는다. 뉴스가 세상을 향한 창이라고 할 때, 청년은 세상에서 고립되어 있다. 뉴스를 읽으며 세상과 소통하고, 뉴스를 통해 세상 사는 지혜를 얻어야 할 청년들이 뉴스와 점점 멀어지고 있다.

왜 이렇게 되었을까. 디지털 뉴미디어 시대가 되면서 뉴스는 형식과 내용 모두 급변하고 있다. 하지만 청년은 뉴스에 대해 이해하고 경험할 기회가 없다. 중고교 땐 입시 교실에 갇혀 있었고, 대학 들어간 뒤에는 아르바이트와 취업준비에 바쁘다. 그들에게 뉴스란 남의 일, 관심 밖의 일일 뿐이다.

뉴스와 동떨어진 생활을 오래 지속하다보면 뉴스를 보아도 그 의미를 파악하는 게 힘들어진다. 나에게 직·간접적 영향을 주는 뉴스인데도 좀처럼 알아차리지 못한다. 뉴스 읽는 습관이 길러지지 않은 채 어른이 되었으니 어쩌면 당연한 결과다.

요즘 청년들이 모든 뉴스를 아예 보지 않느냐 하면 그건 아니다. 청년들은 뉴스를 편식한다. 연예·스포츠 뉴스는 과도할 만큼 즐기면서 정치·사회적 의미가 담긴 뉴스는 좀처럼 눈길을 주지 않는다. 이는 대학생뿐만 아니라 대학원생, 졸업 후 사회에 진출하는 젊은이들에게서도 공통적으로 나타나는 현상이다.

청년들의 뉴스 편식 소비는 뉴스 산업의 왜곡을 가져온다. 좋은 뉴스가 나쁜 뉴스에 휘둘리고, 소비자 이익이 언론사 상업주의에 밀려난다. 인터넷 뉴스 시장에서 우리는 심각한 부작용을 이미 경험하고 있다. 뉴스 생태계가 망가지면서 시민 민주주의가 위협받고 있다.

뉴스 자체에도 문제는 많다. 청년들 눈높이로 보면 한국의 뉴스는 지나치게 어렵다. 청년들에게 생경한 어휘와 화법이 뉴스 문장 곳곳에 바리케이드처럼 깔려 있다. 뉴스에 사용되는 문법과 이미지는 청년들의 정서와 동떨어져 있다. 일부 신문 뉴스의 무분별한 한자 제목은 거의 외계어 수준이다.

나이든 세대들은 청년들의 '탈(脫)뉴스 생활'이 문제라고 한다. 하지만 청년을 나무랄 일은 아니다. 문제는 청년이 아니라 교감 신경망이 차단된 지금의 뉴스 자체에 있다.

뉴스는 특정 연령층의 전유물이 될 수 없다. 청년들과 유리된 지금의 뉴스는 당연히 비정상이다.

이제 뉴스는 청년에게 돌아가야 한다. 뉴스의 광장에서 청년들은 뉴스와 친구가 되어야 한다. 하지만 뉴스에 대한 현실적 이해는 낮다. 뉴스와 청년 사이를 연결시켜줄 미디어가 필요하다. 뉴스를 이해하고 뉴스를 활용하는 데 길잡이가 될 만한 지침서가 청년들에게 필요하다. 대학에서 뉴스 읽기 수업을 4년째 진행해 온 필자가 이 책을 써야겠다고 결심하게 된 배경이다.

이 책은 온전히 20~30대 청년들의 것이다. 책을 쓰는 동안 청년 눈높이를 한시도 잊은 적이 없다. 청년들이 이 책을 쉽고 편하게 읽고, 그러고 나서 뉴스를 주체적으로 읽어내는 뉴스 능력자가 된다면 더 없이 기쁘겠다.

2018년 11월 5일
이종탁

| 차례 |

NEWS

뉴스의 제작과 탄생

뉴스란 무엇인가

현대 사회는 뉴스의 홍수 시대다. 언제 어디를 가나 뉴스가 넘쳐난다. 아침에 눈을 뜨고 저녁에 잠들 때까지 뉴스는 우리 곁을 떠나는 법이 없다.

뉴스가 다니는 길은 넓고 다양하다. 신문, 방송 같은 전통 미디어 주변을 맴돌던 뉴스는 지금 포털이나 카카오톡, 밴드, 페이스북에 이르기까지 뉴미디어를 두루 망라하고 있다. 현대인이 뉴스를 피하거나, 외면할 방법은 사실상 없다. 뉴스와 같이 살아가기는 현대인의 숙명이 되어 버렸다.

영국 작가 알랭 드 보통(Alain de Botton)은 뉴스를 숨쉬기나 눈 깜박이기에 비유한다. 어디서 무엇을 하든 뉴스를 확인하기 위해 우리는 끊임없이 일상을 멈추고 있다는 것이다. 뉴스 확인하기는 생존을 위한 본능 아니면 필수 동작처럼 되어 버린 셈이다.

그렇다면 뉴스란 무엇인가. 뉴스가 무엇이기에 현대인과 떼려야 뗄 수 없는 관계가 되었을까.

눈에 보이는 것들을 정의하는 일은 뜻밖에도 어렵다. 다 아는 것 같은데 막상 표현하려면 슬그머니 자신감이 없어진다. 이런저런 표현을 머릿속에 떠올리다 동어반복의 오류를 저지르게 된다. "하늘? 하늘이 뭐냐고? 하늘은 음, 하늘 높이 있는 게 하늘이지." 하는 식이다.

뉴스도 그렇다. 뉴스가 무엇인지 모르는 사람은 없지만, 무엇이 뉴스인가에 대해 조리 있게 말해보라고 하면 입 밖에 잘 안 나온다. "뉴스? 매일 사건을 전해주는 게 뉴스 아닌가?" 하는 정도로 얼버무리기 십상이다.

뉴스는 영어로 News라 쓴다. 우리말은 아니지만 굳이 우리말로 바꾸어 쓰지 않아도 되는, 모두에게 익숙한 외래어다. 네이버 영어사전에서 News를 찾으면 1) 소식 2) 신문 방송에 나오는 뉴스 3) 뉴스라고 나온다.

여기서 소식(消息)이라고 하면 안부를 전하는 말이나 글을 뜻한다. 사람에 관한 이야기에 국한된다. 군대 간 자식이 "어머님 전상서"로 시작해 쓰는 편지나 "우리 두 사람이 다음 주말 혼례를 올리게 되었으니 많이 와서 축하해주세요."라는 식의 결혼식 초대장이 전형적인 소식이다.

이런 개인 간의 사사로운 일상 소식은 뉴스가 되지 않는다. 뉴스는 여러 사람의 관심을 받는 이야기여야 한다. 이야기의 주체나 형상(形狀)은 가리지 않는다. 생물이든 무생물이든, 동물이든 식물이든, 또는 사물이든 현상이든 여러 사람의 눈을 크게 하고 귀를 쫑긋 세울 만한 이야기라면 무엇이든 뉴스가 된다.

News라는 영어글자를 보자. News는 New의 복수형이다. New에 things의 s를 결합시킨 형태, 즉 새것이라는 뜻의 단어로 보는 게 일반적이다. 동서남북이란 글자에서 따 왔다는 풀이도 있다. 동(East), 서(West), 남(South), 북(North)의 영어 첫 글자를 재배치하면 절묘하게도 News가 되기 때문이다. '온 사방의 새로운 것들'이라고 해석하면 그 의미에 딱 들어맞는 풀이가 된다.

여러 사람의 관심을 끄는 사건이 뉴스라고 했지만, 관심만으로 뉴스가 되는 것은 아니다. 다중의 관심은 뉴스의 필요조건이지 충분조건이 아니다. 뉴스가 되려면 뉴스의 모양을 갖춘 그 무엇이 여러 사람에게 전달되어야 한다. 현대 사회에서 그걸 보도(報道)라고 하고, 그런 일을 하는 사람을 기자(記者)라고 한다.

세상에는 무수히 많은 일이 일어난다. 이 삼라만상이 모두 뉴스가 되지는 않는다. 현실적으로 될 수도 없다. 뉴스라는 형태로 여러 사람에게 전해지는 이야기는 그 가운데 극히 일부다. 대부분은 뉴스화(化)하지 못한다. 뉴스로 전해지는 것을 꺼리는 누군가가 사안을 고의로 감추기 때문에 그럴 수도 있지만, 뉴스 가치가 없는 것으로 판단되어 묻히는 경우가 대부분이다. 그렇다면 무엇이 뉴스가 되는가. 언론학자들이 내린 뉴스의 정의는 다양하다.

- 뉴스란 독자에게 흥미가 있거나 중요한 사건에 대한
  시의적이고 정확한 보도를 말한다.
- 뉴스란 비일상적이거나 예기치 못한 것이다.
  평온한 것은 뉴스가 아니다.
- 뉴스란 어제는 몰랐던 일이다.
- 뉴스란 사건의 본질적 뼈대를 재구성하려는 시도이다.
- 뉴스란 최대 다수의 독자들에게
  최대 수준의 흥미와 중요성을 지닌 것이다.

뉴스란 중요하고 흥미로운 사실을 누군가가 말과 글로 표현한 것을 뜻하지만, 그것만으로는 부족하다. 그 말과 글을 듣고 보는 수용자가 있어야 한다. 독자나 시청자 없이 뉴스는 존재할 수 없다. 어떤 사실과 그 사실을 나타내는 표현물, 그걸 담아낸 매체와 그 매체를 이용하는 사람이 있어야 비로소 뉴스가 완성된다. 이를 뉴스의 4요소라고 해도 되겠다.

여기서 염두에 두어야 할 것은 뉴스는 뉴스로 표현할 때, 뉴스가 된다는 점이다. 뉴스로 표현한다는 것은 뉴스의 문법이 따로 있다는 얘기다. 그게 기자 또는 기자가 속해 있는 미디어에 의한 사실의 재구성이다.

뉴스가 사실의 전달이라고 하지만, 있는 그대로를 가감 없이 전하는 뉴스란 현실에서 존재하지 않는다. 특정 사실을 누군가에게 전해주려면 주변의 것들에서 더하거나 빼는 작업이 불가피하다. 본질을 이해하는 데 불필요한 부분은 생략·축소하고, 중요한 부분은 확대·부각하는 게 필수적이다. 특정 뉴스를 가리켜 침소봉대(針小棒大)라느니, 사실왜곡이라느니 하는 비판이 나오는 것은 뉴스의 속성에서 비롯된 것이다. 뉴스의 본질이 사실의 재구성에 있고, 그 재구성의 과정에서 사실을 바라보는 관점이 스며들 수밖에 없기 때문이다.

이렇게 말하면 페이스북 라이브 같은 생중계 뉴스는 그럼 무엇이지? 하고 의구심을 가질 수 있다. 현장을 카메라에 담는 데 다른 관점이 스며들 여지가 없지 않느냐는 의문일 것이다.

하지만 그런 생중계에도 나름의 관점은 있다. 생중계를 할 것인지, 말 것인지 결정하는 그 순간부터 주관이 들어간다. 미디어가 볼 때 뉴스 가치가 있다고 판단되어야 카메라를 들이밀 것이기 때문이다. 카메라를 비출 때도 어느 시점, 어느 장면을 보여줄 것인지는 미디어의 관점에 따라 달라진다. 정치 집회를 페이스북 라이브로 보여줄 때 어느 카메라는 시위대와 공권력의 충돌장면을 집중적으로 보여주고, 어느 카메라는 그 와중에 질서를 외치는 시위대 모습을 강조해서 비춰줄 수 있다. 하나의 현장에 두 가지 뉴스가 공존하는 셈이다.

뉴스를 전하는 미디어는 그럼 어떤 가치 기준으로 사실을 재구성할까. 이를 좌우하는 배후 세력은 수용자다. 뉴스 공급자는 언제나 수용자 성향을 감안해 뉴스를 생산한다. 수용자들이 좋아할 만한 뉴스는 키우고, 싫어할 만한 뉴스는 죽인다. 수용자 비위에 맞추기 위해 언제나 머리를 싸맨다. 이는 세계 어느 매체도 마찬가지다. 뉴스의 4요소에서 수용자는 빼놓을 수 없는 존재다.

인터넷 뉴스의 특성은 무엇인가

인터넷 시대 뉴스는 오프라인에서 온라인으로 이동한다. 아날로그에서 디지털 세상으로 들어간다.

디지털 세계에선 시공을 초월한다. 뉴스의 생산-유통-소비에 이르는 전 과정에서 시간과 공간의 제약이 사라진다. 언론사에서 뉴스를 취재·보도하는 시스템이 달라지고, 시장에서 뉴스가 교환·거래되는 가치가 달라지며, 그 뉴스를 접하고 이용하는 소비의 방식이 달라진다.

디지털 뉴스의 첫 번째 특성은 즉시성(immediacy)이다. 전통 매체에서는 뉴스를 취재·보도하는 데 어느 정도 시간이 필요하다. 사건 발생 시점과 보도 시점에 일정한 갭(gap)이 있다. 이 때문에 뉴스가 발생하면 하나하나 모았다가 일정한 시간에 패키지로 처리한다. 방송은 하루에 몇 차례 뉴스 시간을 정해놓고, 신문은 기사 마감 시간을 정해 뉴스를 처리한다. 이 시간 외에 발생하는 사건은 다음 뉴스 시간까지 기다려야 수용자에게 전해진다.

하지만 디지털 세계에선 이런 제약이 없다. 24시간 언제나 전달 가능하다. 예를 들어 스포츠 경기를 뉴스화한다면 실시간으로 업데이트하면 된다. 방송에서 중계하듯이 뉴스를 짧게 짧게 끊어서 만들어낼 수도 있다. 마감 시간까지 기다릴 필요도 없지만, 마감 시간이 지났다고 방치할 이유도 없다. 수도꼭지를 틀면 수돗물이 쏟아지듯 뉴스도 수시로 '새로고침'할 수 있는 것이다.

두 번째 특성은 저장성 또는 보관성(archiving)이다. 아날로그 뉴스는 물리적 부피가 있어 보관하기 어렵지만, 디지털 뉴스는 거의 무한대로 저장 가능하다. 텍스트뿐만 아니라 오디오, 비디오, 사진, 차트까지 뉴스를 구성하는 모든 콘텐츠가 뉴스 아카이브에 데이터베이스로 저장된다.

디지털로 저장된다는 것은 다른 말로 하면 분류되고 연결된다는 뜻이다. 뉴스 아카이브에서 검색 키워드를 입력하면 10년 전 뉴스든 100년 전 뉴스든 잠자다 벌떡 일어나는 것처럼 순식간에 튀어나온다. 뉴스도 한번 쓰고 버리는 게 아니라 필요할 때 다시 꺼내어 쓸 수 있는 재활용 상품이 된 것이다.

다음으로 비동시성(非同時性 asynchronism)이란 특성도 있다. 뉴스를 만들어 보내는 쪽과 뉴스를 받아 보는 쪽이 반드시 동일한 시간 선상에 있어야 할 필요가 없다. 뉴스 생산자는 아침 9시에 내보내도 소비자는 저녁 9시에 찾아보아도 되고, 밤 12시에 나온 뉴스를 사나흘 지난 뒤 아침 7시에 다시 보기를 할 수도 있다. 방송에서 '본방사수'라는 말이 나오게 된 배경에 디지털의 비동시성 특성이 있다.

디지털 뉴스에서 가장 강력한 특성은 뭐니뭐니해도 상호작용성(interactivity)이다. 전통 뉴스는 뉴스를 생산하는 쪽에서 모든 것을 일방적으로 결정한다. 무엇이 뉴스 가치가 있고, 어느 뉴스를 어느 비중으로 보도할 것인지 신문사나 방송국이 판단한다. 수용자의 의사를 묻거나, 수용자가 의사를 개진하는 길은 없다. 언론이 메시지를 수용자에게 일방적으로 보내는 일방향 커뮤니케이션 방식이다.

반면 디지털은 쌍방향이다. 특정 뉴스에 대해 수용자는 의견을 자유롭게 나타낼 수 있고, 뉴스 생산자는 그 같은 수용자 의견을 뉴스에 반영할 수 있다. 초기 인터넷 뉴스 시장에서는 뉴스 상품에 생산자의 이메일 주소를 달아 수용자가 이메일을 보내면 기자가 회신을 주는 방식이었다. 그러다가 번거로운 이메일 방식 대신 뉴스 메시지에 직접 댓글을 다는 방식으로 변해갔다. 뉴스에 댓글이 달리면 뉴스 생산자들은 수용자의 반응을 무시할 수 없다.

댓글이라고 해서 꼭 짧은 문장만 있는 게 아니다. 경우에 따라서는 뉴스 못지않은, 혹은 뉴스 이상의 전문성을 띤 글들이 댓글로 달린다. 이렇게 되면 뉴스와 댓글의 구분이 무의미해진다. 댓글은 더 이상 소비만의 행위가 아니라 또 다른 뉴스의 생산 기지이자, 여론을 만들어내는 원천이 된다. 이때부터 뉴스가 댓글을 낳고, 댓글이 모여 또 다른 뉴스를 낳는 상호작용이 활발해진다.

요즘에는 뉴스는 제쳐두고 댓글부터 먼저 읽는 수용자들도 늘어간다. 특정한 방향의 뉴스 댓글을 인위적으로 대량 생산해 여론에 영향을 미치려는 움직임도 나온다. 뉴스를 소비하면서 다른 한편으론 생산도 하는 뉴스 생비자(生費者) 시대가 본격화한 것이다.

뉴스의 종류

신문에는 여러 뉴스가 실려 있다. 신문이 하루 34~48면 발행되고, 한 면에 실리는 기사가 평균 5꼭지라고 하면 하루치 신문에만 200꼭지가량의 기사가 게재된다. 그런데 이들 기사를 들여다보면 메시지 전달 방식이 어떤 것은 비슷하고, 어떤 것은 전혀 다르다. 어떤 뉴스는 직설적이고, 어떤 뉴스는 은유적이다. 어떤 뉴스는 짧고 간단하고, 어떤 뉴스는 복잡하고 길다. 다 같은 뉴스인데 왜 모양이 이처럼 다른 걸까.

삼시 세끼 밥상을 떠올리면 이해가 쉬울 것 같다. 우리가 접하는 밥상에는 밥만 있지 않다. 밥도 있고 국도 있고, 여러 가지 반찬도 있다. 특별한 날에는 싱싱한 생선회나 한우 등심 같은 별식이 올라오기도 한다. 계절에 따라 감칠맛 나는 젓갈이 가지런히 놓이기도 한다. 매일 먹는 밥이지만, 여러 가지 반찬과 같이 먹어야 맛이 난다.

뉴스도 그렇다. 한 가지 형태의 뉴스만 있다면 지루하고 심심하다. 뉴스에도 여러 종류가 있어야 입맛이 돋는다. 그래서 뉴스에도 밥 같은 뉴스, 국 같은 뉴스가 있고, 김치 같은 뉴스, 양념 같은 뉴스가 있다.

형태를 달리한다는 것은 사실을 나타내는 방식을 서로 달리한다는 뜻이다. 사실 관계를 요점만 간추려 전하는 뉴스가 있는가 하면, 사실에 설명을 붙이거나 이야기하듯 풀어서 전하는 뉴스가 있다. 앞의 뉴스를 스트레이트(straight), 뒤의 뉴스를 피처(feature)라 부른다.

스트레이트를 영어사전에 찾아보면 '일직선의, 곧은, 조리가 정연한, 숨김없는, 정직한' 등의 의미로 풀이되어 있다. 스트레이트 뉴스의 성격이 곧 이와 같다. 사실을 있는 그대로 곧게, 조리 정연하게 쓴 뉴스가 스트레이트다.

스트레이트 뉴스에서 기본은 육하원칙이다. 누가(Who) 언제(When) 어디서(Where) 무엇을(What) 어떻게(How) 왜(Why)라는 5W1H가 그것이다. 이 5W1H를 스트레이트 뉴스는 압축적으로 담아낸다. 가장 중요한 사실을 가장 전면에 내세우고, 그 다음 문장에서 나머지 5W1H를 효과적으로 배치한다.

스트레이트의 이 같은 작성기법을 피라미드를 거꾸로 세워 놓은 것과 비슷하다고 해 역(逆)피라미드 형태라고 한다. 역피라미드 뉴스는 첫머리에 핵심적인 사실이 나오고, 다음 문장으로 갈수록 중요도가 떨어지는 사실이 나열된다. 핵심적 사실—보충적 사실—부가적 사실 순으로 메시지가 작성된다.

시간에 쫓기는 독자라면 스트레이트 뉴스의 첫 문장만 읽어도 된다. 무엇을 말하는지 메시지의 핵심이 그 한 문장에 들어있기 때문이다. 뉴스를 공급하는 언론사로서도 기사 분량이 넘칠 때 도마뱀 꼬리 자르듯 마지막부터 잘라내면 된다. 그래도 메시지 전달에 큰 문제가 없다.

스트레이트는 과거 미국의 AP(Associated Press)통신에서 기사를 보내는 데 드는 통신비를 아끼기 위해 고안해 낸 작성법이다. 뉴스 독자나 공급자 모두 편리하게 이용할 수 있다는 장점 때문에 지금까지 세계적으로 애용된다.

사실 오늘날 뉴스라 불리는 기사문의 대부분은 스트레이트다. 정치, 경제, 사회, 스포츠, 국제 등 거의 모든 부문에서 스트레이트 뉴스는 압도적이다. 신문의 1면, 방송의 톱뉴스는 특별한 경우가 아니라면 스트레이트로 채워진다. 밥상으로 치면 밥에 해당하는 뉴스가 스트레이트인 셈이다.

스트레이트가 아닌 뉴스는 피처라는 범주로 묶을 수 있다. 피처 뉴스가 국과 반찬인 셈이다. 반찬거리에 여러 가지가 있듯 피처 뉴스에도 여러 형태가 있다. 해설, 기획, 르포, 스케치, 인터뷰, 사설, 칼럼, 서평, 만화 등의 뉴스가 그것이다. 이들 뉴스는 사실 위주로 전달하는 스트레이트 뉴스에는 없는 나름의 맛과 멋이 있다.

해설 뉴스는 스트레이트를 도와주는 뉴스다. 북한과 미국 두 나라 정상이 만나 무슨 얘기를 나누었다는 식의 내용이 스트레이트 뉴스로 나가면, 그 정상회담이 갖는 의미와 국제사회에 미치는 파장, 향후 예상되는 전망까지 짚어주는 게 해설 뉴스다. 정부에서 부동산 보유세를 인상키로 했다는 내용이 스트레이트 뉴스로 나가면, 누구에게 얼마나 영향을 미칠지 상세한 내용을 풀어서 설명해주는 게 해설뉴스다. 스트레이트 뉴스만 보아서는 뭔가 미진할 때, 해설은 부족한 정보 욕구를 채워준다. 밥만 먹어서는 팍팍할 때, 국과 곁들여 먹으면 밥상 위 숟가락질이 한결 부드러워진다. 스트레이트 뉴스가 밥이라면 해설은 국에 해당한다.

르포나 스케치는 현장의 분위기를 전하는데 유용한 뉴스 형태다. 이미 알고 있는 사실 외에 추가적인 팩트가 없거나, 구체적 사실관계보다 취재 대상의 디테일한 움직임 하나하나가 오히려 관심을 불러올 때, 르포나 스케치가 뉴스 형태로 적당하다. 재난사고가 났을 때 피해 상황을 종합해서 전하는 뉴스보다 어느 하나의 피해 장면, 어느 한 명의 피해자 스토리가 더 큰 울림을 줄 때가 있다. 현장에 간 기자라면, 자신이 본 어느 인상 깊은 장면을 있는 그대로 생생하게 전하는 방식을 선택하는 게 좋다. 그게 르포 뉴스다.

스케치 뉴스는 사건 현장의 모습을 그림이나 사진 보듯이 묘사하는 기사를 말한다. 선거일 투·개표장의 모습, 수학능력시험이 치러지는 날 시험장 교문 앞 정경이나 학부모들이 두 손 모아 기도하는 모습이 스케치 뉴스의 단골 메뉴다. 방송에선 스케치 뉴스가 더 자주 나온다. 계절이 바뀔 때면 어김없이 바깥나들이 나선 사람들의 모습을 카메라에 담아 전한다. 눈앞의 정경을 가벼운 터치로 전하는 스케치 뉴스는 수용자들이 부담 없이 소비할 수 있다는 장점이 있다.

기획 뉴스는 기자가 만들어내는 뉴스다. 열차 사고나 지진처럼 어느 날 우연히 발생하는 진짜 사건과 달리 사전에 꾸미고 계획한 결과 생산된 뉴스라는 뜻이다. 미국의 역사학자 다니엘 부어스틴(Daniel J. Boorstin)은 언론에 보도되기 위해 만들어지는 사건을 의사(擬似) 사건(pseudo event)이라고 이름 붙였다. 사건은 사건인데, 진짜 사건이 아니라 언론 보도용 유사 사건이라는 의미에서다. 부어스틴이 말하는 의사 사건의 전형적 형태가 기획뉴스다. 그가 의사 사건을 개념화하면서 들었던 과거 사례를 따라가 보자.

한 오래된 호텔의 경영자가 손님이 줄어 적자가 나자 PR 전문가를 찾아 갔다. 손님들이 낡은 호텔이라고 외면하는데 무슨 방도가 없겠느냐고 조언을 구했다. 그러자 PR 전문가는 호텔 개관 30주년 행사를 거창하게 벌이는 방안을 제시한다. 각계 지역 유지를 참여시킨 기념위원회를 구성하고 축하 행사장에 기자들을 초청해 카메라 플래시가 터지게 한다. 유명 인사들이 참가하는 행사는 뉴스가 되고, 해당 뉴스에서는 그 호텔이 지역사회에 기여한 공로가 보도된다. 이 때 호텔 개관 30주년 행사가 의사 사건이다. 가짜는 아니지만, 미디어에 보도될 목적으로 기획한 사건이다.

인터뷰 뉴스 또한 자연 발생적으로 일어나는 법이 없다. 언론이 의도를 가지고 특정인에게 질문을 던져야만 비로소 사건이 되고, 뉴스가 된다. 실제로 언론은 이 인터뷰에서 기획 의도에 부합한 답변이 나와야만 보도한다. 만약 기획 의도와 동떨어진 답변이 나온다면 아예 보도하지 않는 경우도 허다하다. 그런 답변이 또 다른 뉴스 가치를 가지고 있을 때는 별도의 차원에서 보도하기도 하지만 흔치는 않다.

따라서 인터뷰 뉴스에서 언급되는 사실들은 선택적으로 받아들이는 게 현명하다. 어느 한 사람의 인터뷰 뉴스를 보고 그것이 진실이라고 생각하면 자칫 판단을 그르칠 수 있다. 인터뷰 뉴스는 사건의 종합적 진실이 아니라 특정 단면을 드러내 보임으로써 잃어버린 진실의 조각을 꿰맞추는 기능을 한다.

사설과 칼럼은 의견 뉴스로 분류할 수 있다. 현재 한국에서 발행되는 대부분의 신문은 맨 마지막의 3~4개 면을 '오피니언' 지면으로 할애해 사설과 칼럼을 싣고 있다.

두 뉴스는 내용과 형식에서 상당한 차이가 있다. 사설(社說)은 언론사의 주장을 담은 글이고 칼럼은 필자 개인의 의견이나 단상을 적은 글이다. 그래서 사설에는 글쓴이의 이름이 안 나오지만, 칼럼은 필자의 사진까지 첨부되는 게 보통이다.

사설은 그 날의 뉴스 중에서 가장 중요한 것을 선별 제시해 이슈화하는 기능이 있다. 신문 사설의 소재가 되었다는 것은 사회 현안이 되었다는 뜻이다. 그 현안에 대해 사설은 해설·비판·평가하고 정책 대안을 제시하는 등 여론 형성에 영향을 미친다.

좋은 사설은 고담준론(高談峻論)을 추구한다. 사회 정의와 윤리, 민주주의, 인권과 평화와 같은 보편적 가치를 담론의 초석으로 삼는다. 글에 설득력이 있으려면 우선 논리가 정연해야 한다. 감정을 드러내지 않고 공명정대하게, 공정성과 형평성, 균형과 절제를 잃지 않아야 한다. 사설의 본질이 이렇다 보니 독자들은 사설을 그다지 좋아하지 않는다. 읽어두면 유익하다는 것은 알겠는데, 글이 딱딱해서 읽고 싶은 마음이 별로 안 생긴다는 게 보통 독자들의 일반적 심리다.

이에 비해 칼럼은 형식과 내용에서 자유롭다. 사설이 언론사 회사 차원의 주장이라면 칼럼은 글쓴이 개인의 의견이다. 그래서 사설에서는 글쓴이의 주체를 '우리'라 표현하지만 칼럼에서는 대개 '필자' 또는 '나'라고 표현한다. 글의 주제에서도 사설은 주로 시사 이슈를 다루지만 칼럼은 생활 속의 소소한 이야기를 수필처럼 쓰기도 한다.

형태도 다양하다. 언론사 내부 필진이 쓰느냐, 외부 사람이 쓰느냐에 따라 사내 칼럼과 사외 칼럼으로 나누고, 주제와 소재에 따라 논설 칼럼, 에세이 칼럼, 단평 칼럼, 가십 칼럼, 논단 칼럼 등으로 분류할 수도 있다. 논리정연한 설득력을 갖추면서도 부드럽고 재치 있고 유머러스한 문장으로 읽는 재미를 안겨주는 것이 칼럼이다. 그래서 사설보다 가독성이 높다.

그때그때 세상 돌아가는 것을 파악하는 데 의견 뉴스보다 좋은 게 없다. 최소한의 사실관계를 전제한 상태에서 논리정연하게 비평하는 글이 의견 뉴스다. 일일이 스트레이트 뉴스를 따라가기 힘든 사람은 사설과 칼럼만 챙겨 읽어도 세상을 보는 지혜를 얻을 수 있다.

　　　　　　　　　　　　　　　　　　　　　　　　제1장 ┃ 뉴스의 제작과 탄생

뉴스의 가치

"오호, 그게 기사네."

뉴스를 좇는 기자들은 어느 자리에서나 이런 식의 말을 자주 한다. 주변에서 일어나는 일을 흘려보내지 않고 뉴스로 잡아내는 것이다. 경우에 따라서는 입 밖에 내지 않고 마음속으로 생각할 때도 있다. 뉴스화 하려면 보다 구체적인 사실을 알아야 하는데, 공연히 '뉴스거리' 운운했다가 발설자가 입을 다물어버리면 죽도 밥도 안 되기 때문이다.

기자들은 뉴스에 살고 뉴스에 죽는다. 뉴스를 캐내기 위해 몸을 아끼지 않는다. 큰 뉴스를 혼자 손에 넣을 수 있다면 물불 안 가리고 달려들고, 큰 뉴스를 혼자만 빠뜨렸을 땐 자괴감에 얼굴을 들지 못한다. 앞의 경우를 특종, 뒤의 경우를 낙종이라고 한다.

포털에 뜨는 뉴스를 보면 제목 앞에 〈단독〉이라고 표시한 게 많다. 특종(特種)은 무엇이고 단독은 무엇일까. 특종이나 단독이나 특정 언론사에서 독자적으로 취재한 뉴스라는 사실은 같다. 하지만 함량이 다르다. 특종이란 다른 미디어에서 인용 보도할 정도로 파급력이 있는 큰 뉴스이고, 단독이란 함량이 그에 못 미치는 작은 뉴스다.

물론 수학 공식처럼 규격화되어 있는 것은 아니다. 하지만 뉴스의 크기를 이야기할 때 공통적으로 용인되는 일종의 규범이 있다. 그게 뉴스 가치(news values)다.

뉴스 가치는 뉴스도 시장에서 팔리는 상품이라는 관점에서 출발한다. 얼마나 많은 사람이 관심을 보이고 또 실제 소비하느냐에 따라 가치가 매겨진다.

뉴스를 소비하는 독자나 시청자는 뉴스 가치에 무신경해도 좋다. 각자 눈에 들어오는 뉴스를 원하는 만큼 소비하면 그만이다. 하지만 뉴스를 공급하는 미디어는 뉴스 하나하나에 무게를 달고 등급을 매긴다. 그 결과에 따라 뉴스 시장에 차별적으로 출시한다. 〈단독〉이나 〈특종〉과 같은 타이틀을 붙이는 것이나, 신문 지면에서 1면 톱으로 배치하는 따위의 결정이 이 등급분류에서 나온다.

그럼 뉴스의 가치평가는 어떤 기준에서 이뤄지는 걸까. 물론 절대적 기준이란 없다. 기자의 가치관이나 매체 성향에 따라 기준은 달라진다. 뉴스는 살아있는 생물과 같다. 시시각각 변한다. 뉴스의 변동성은 뉴스의 기본 속성이자 매력이다. 뉴스 시장에서 상품 가치를 매기는 기준도 어제 다르고 오늘 다르다. 아침저녁으로 다를 때도 있다.

예를 들어 미국에서 9·11 테러가 일어난 2001년 9월로 거슬러 올라가 보자. 세계무역센터(WTC) 빌딩이 자살테러 비행기에 의해 무너지던 때는 우리 시간으로 저녁 8시쯤이다. 한국의 조간신문은 저녁 7시면 다음 날짜 신문 초판(初版)을 찍어낸다. 테러 소식이 전해진 시간에는 신문 제작이 완료된 뒤였다. 신문 1면부터 마지막 면까지 뉴스 하나하나에 가치가 매겨져 있던 셈이다. 그러나 8시 이후 이들 뉴스는 뉴스로서 가치를 상실한다. 한 시간 전만 해도 1면 톱의 자리에 올랐던 그날의 가장 중요한 기사는 황급히 테러 뉴스에 자리를 내주고 시장에서 퇴장한다. 9·11 같은 초대형 사건이 아니어도 신문에서 초판 제작 후 큰 사건이 발생해 뉴스 가치를 재평가하는 일은 지금도 일상적으로 일어난다.

뉴스 가치의 상대성 원리를 이해하고 있으면 뉴스 보는 안목이 넓어진

제1장 | 뉴스의 제작과 탄생

다. 언론을 상대로 홍보하는 사람들은 유리한 뉴스는 키우고 불리한 뉴스는 죽이는 방법을 알고 있다. 사회 전반에 사건이 없어 기자들이 뉴스에 굶주려 있을 때 뉴스를 제공하면 크게 보도되고, 반대의 경우 역의 상황이 성립한다는 것을 아는 것이다.

이 점을 염두에 두고 뉴스의 가치를 살펴보자. 뉴스의 가치는 언론학자에 따라 다른 분류가 가능하지만 대략 여섯 가지로 나눌 수 있다. 하나의 뉴스가 하나의 가치만 가지고 있어야 하는 것은 아니며, 여러 가치를 동시에 가질 수 있다는 점을 잊지 말자.

1) 시의성(timeliness)

시의성(時宜性)이란 때의 사정에 맞거나 시기에 적합한 성질이란 뜻이다. 시의성이란 단어가 어렵게 여겨지면 "시의적절하다."는 말을 떠올리면 이해하기 쉽다.

뉴스에서 시의성이란 실제 사건과의 시간적 근접성을 말한다. 최근 사건일수록 시의성이 크고, 오래된 사건일수록 시의성이 떨어진다. 내일 날씨가 어떨 것이라고 예보한 어제 아침의 뉴스를 오늘 본다면 아무런 의미가 없다. 이럴 때 시의성이 없다고 말한다. 철 지난 신문을 다시 보는 것도 그렇다. 유효기간이 지난 뉴스는 대체로 가치가 없다.

반대로 실시간으로 들어오는 따끈따끈한 뉴스는 그 자체로 힘이 있다. 방송에서 "방금 들어온 뉴스를 말씀 드리겠습니다."라는 말이 나오면 눈길이 쏠리기 마련이다. 큰 사건이 났을 때, 텔레비전에서 시시각각 큼지막한 글씨로 자막 뉴스를 띄우는 것도 같은 이유에서다. 이런 속보성 뉴스는 얼마간 시간이 지나면 뉴스로서 의미를 상실하는 게 보통이다. 하지만 사건이 어떻게 전개되는지 가슴 졸이며 지켜보게 되는 그 순간만큼은 살아있는 뉴스로서 존재 의미가 있다.

시류에 맞는 뉴스는 시장에서 대접이 다르다. 올림픽이 열릴 때는 올림픽 관련 뉴스, 월드컵 축구대회가 열릴 때는 축구 관련 뉴스가 비중 있게 취급된다. 선거를 앞두고 있으면 정치뉴스, 재난사고가 나면 안전 관련 뉴스가 집중 보도된다. 미국에서 9·11 테러 사건이 터진 뒤 이슬람 근본주의와 관련한 뉴스가 한동안 줄을 이은 것도 같은 이치다. 뉴스 가치는 뉴스의 흐름 속에서 배가되는 것이다.

평소 같으면 시장에서 하위등급 판정을 받을 뉴스가 어느 날 최상위 등급으로 올라가는 일도 시의성 덕분에 발생한다. 어린이들이 사교육에 내몰려 마음껏 뛰어놀지 못하고 있다는 식의 뉴스는 평소에는 비중 있게 다뤄지기 어렵지만, 어린이날에는 톱 자리까지 오를 수 있다. 노인 일자리 문제를 다룬 뉴스는 노인의 날에, 장애인 복지시설이 선진국에 비해 부족하다는 내용의 뉴스는 장애인의 날에 당연히 잘 먹힌다. 그러다 보니 기자들은 특정 기념일이 다가오면 그에 맞추어 뉴스를 만들어내기도 한다. 3·1절을 앞두고 윤동주 시인이 옥사한 일본 후쿠오카 감옥을 조망해본다든지, 독도가 한국 땅임을 증명하는 또 다른 문건이 발견되었다는 뉴스를 8·15 광복절에 맞추어 보도한다. 기업이 마케팅 차원에서 무슨무슨 데이(day)를 이용하듯이 뉴스 시장에도 데이(day) 뉴스가 있는 셈이다.

뉴스의 시의성과 관련해 기억해 두어야 할 것은 과거에 발생한 사건이라고 해서 뉴스 가치가 없다고 단정하면 안 된다는 점이다. 과거 사건이라 해도 새로운 사실이 밝혀져 그 사실이 현재 시점에서 중요한 의미를 지닌다면 시의성 있는 뉴스가 된다. 미투 운동 차원에서 성추행 폭로가 잇따를 때, 가해자들의 행위가 있었던 시기는 1년 전 혹은 10년 전이지만, 뉴스의 기준 시점은 폭로하는 그 순간이 된다.

　　　　　　　　　　　　　　　　　제1장 | 뉴스의 제작과 탄생

뉴스의 시의성에 대한 인식이 부족하면 똑같은 사안이 어떨 때는 크게, 또 어떨 때는 작게 보도되는지 이해할 수 없다.

사건이 진행되면서 달라진 내용을 중점 보도하는 것을 뉴스에서 속보(續報)라고 한다. 신속한 뉴스라는 의미의 속보(速報)와는 다른 뜻이라는 데 유의하자.

시의성을 이야기할 때 이 속보 뉴스는 빼놓을 수 없는 개념이다. 비행기 추락이나 동일본 지진 같은 큰 사건이 터지면 한동안 미디어에선 이와 관련한 뉴스를 집중해서 보도한다. 이때 앞서 보도한 내용에서 사정이 조금 달라졌거나 추가로 드러난 사실이 있으면 즉각 보도한다. 이게 속보다. 뉴스 생산자 입장에서 속보할 때마다 사건이 처음 어떻게 발생했고, 그동안 어떻게 전개돼 왔는지 반복해 언급하는 것은 물리적으로 어렵다. 그간 보도된 내용은 생략한 채 달라진 점, 새로이 발견된 점 위주로 보도하기 마련이다.

이 때문에 앞선 보도를 접하지 않고 속보만 접한 사람은 무슨 말인지 이해하기 어려운 부작용도 생긴다. 신문은 지면이, 방송은 시간이 제한돼 있다는 시공의 제약이 있기 때문이다.

2) 영향성(impact)

영향성이란 뉴스에 담긴 내용이 얼마나 많은 사람에게, 얼마나 즉각적으로, 얼마나 큰 파급효과를 미치는지 따져보는 것이다. 영향성이 클수록 뉴스 가치가 커지는 것은 물론이다. 2001년 미국에서 발생한 9·11 테러 사건은 20세기 지구촌 최대의 사건 중 하나다. 사건의 성격도 상상을 초월할 만큼 충격적이었지만 그로 인한 정치·경제적 파장 또한 엄청났다. 전 세계 모든 언론에서 톱뉴스로 다루었음은 불문가지다.

2011년 동일본 대지진도 그에 버금간다. 강진 발생 이후 초대형 쓰나미가 해변 도시를 덮치며 많은 인명피해를 냈고, 후쿠시마 원전에서 방사능 누출 사고가 발생하면서 인근 지역이 사람이 살 수 없는 곳으로 변해버렸다.

대형 재난사고만 영향성 뉴스는 아니다. 국민 생활과 밀접한 제도나 정책의 변경은 영향성이 높은 뉴스다. 어느 날 담뱃값이 오른다거나, 지하철 요금이 오를 때, 세금 감면책이 나왔다거나 자동차 5부제를 시행한다는 등의 뉴스가 그렇다. 정부가 대학입시 제도를 손질한다고 하면 단연 영향성이 큰 뉴스다.

영향성 뉴스는 대체로 난이도가 높다. 뉴스의 배경지식이 없으면 이해하기 어려울 때가 많다. 한 눈에 들어오는 가벼운 뉴스와는 성격이 다르다. 북한 핵 개발 관련 뉴스가 대표적이다. 한반도 평화에 중대한 영향을 끼치는 문제라는 점에서 당연히 뉴스 가치가 높다. 하지만 뉴스 속에 ICBM(대륙간탄도미사일), CVID(완전하고 검증 가능한 비핵화) 같은 말들이 나오면, 보통의 수용자들은 따라가지 못한다. 무엇을 말하는지 이해하기 어려운 뉴스는 시장에서 외면 받는다. 실제 뉴스 시간에 북핵 얘기가 나오면 순간 시청률이 떨어진다.

영향성은 있지만 딱딱해서 읽는 재미는 떨어지는 뉴스를 경성(硬性) 뉴스라 한다. 주로 국제뉴스나 정치·경제·사회과학 분야의 뉴스들이다. 독자에게 당장 즐거움을 주지는 않지만 상당한 시간이 흐르면 영향이 나타나는 뉴스들이다. 나중에 다시 설명하겠지만 경성뉴스는 말랑말랑한 오락성 이야기를 다루는 연성(軟性) 뉴스와 구분된다.

3) 근접성(proximity)

상품의 가치를 매길 때 가장 고려해야 할 점은 소비자 반응이다. 소비자가 매력을 느낀다면 그 상품은 가치가 큰 것이고, 시큰둥하다면 가치가 낮은 것이다. 뉴스라는 상품의 가치도 마찬가지다. 소비자가 해당 뉴스에 얼마나 울고 웃고, 또 기뻐하고 슬퍼하는지 그 반응에 따라 가치가 달라진다.

문제는 뉴스의 소비자가 여러 부류라는 점이다. 생활 문화나 사고방식, 국가나 인종에 따라 같은 뉴스를 보면서도 서로 다른 반응을 한다. 만약 미국 LA 앞바다에서 비행기 추락사고가 나 많은 사람이 목숨을 잃었다면, 미국 사람들에겐 큰 뉴스다. 미국의 모든 언론은 시시각각 사고 상황을 속보로 전할 것이다. 다른 나라는 어떨까. 멕시코나 캐나다 같이 미국과 붙어있는 나라는 국내 뉴스 못지않게 비중 있게 처리한다. 그러나 멀리 떨어져 있는 나라에선 단신으로 처리하거나, 아예 보도하지 않을 수도 있다.

사람은 누구나 자기 일이 가장 중요하다. 그 다음으로 자신과 직결되거나 가까운 사안에 관심을 갖는다. 서울의 어느 지역에 살인사건이 났다고 할 때, 그 지역 사람들은 큰 충격을 받는다. 대부분 관련 뉴스를 꼼꼼히 읽게 된다. 방송을 통해 알려진 내용이라도 신문에 기사가 실리면 다시 읽는다. 사건 당사자라면, 인터넷에 뜨는 그 많은 기사들을 빠짐없이 챙겨서 읽을 것이다.

그런데 사건 발생 지역과 떨어져 있다면 관심은 줄어든다. 중랑구 신내동에서 일어난 사건이 신내동 주민에게는 나의 일이지만 강서구 방화동 주민에게는 남의 일이 된다. 대전에 사는 사람에게는 관심도가 더 떨어진다. 어디서 또 살인사건이 났구나 하는 느낌으로 슬쩍 눈길 한번 주고 지나가면 그만이다. 대구나 부산으로 내려가면 아예 관심권에서 멀어진다. 부산 시민에게 서울 어느 동네의 살인사건이란 아무런 감정의 변화를 불러오지 않는다. 요컨대 사건 사고 뉴스는 발생지역에서 가까운 순서대로 가치를 높게, 먼 순서대로 낮게 매긴다. 이것을 뉴스에서 근접성(proximity)이라고 한다.

근접성에는 지리적 근접성 외에 심리적 근접성도 있다. 뉴스의 발생 지점과 거리는 멀어도 사건의 배경이 되는 요소 중에 정서적으로 유대감이 있는 부분이 있다면 뉴스 가치가 커지는 것이다. 미국 뉴욕이나 LA에서 일어난 사건은 한국 뉴스매체에 늘 비중 있게 보도된다. 이들 지역에는 한인 교포가 많이 살기 때문이다. 내가 사는 곳과 지리적으로는 멀어도 내가 아는 사람이 사는 곳과 가깝다면 심리적으로 가깝게 느껴진다. 이것이 뉴스의 심리적 근접성이다. 미국 댈러스나 아이오와에서 일어난 사건은 한국에 잘 알려지지 않아도 뉴욕이나 LA에서 일어난 사건은 국내 뉴스로 즉각 보도되는 이유다.

뉴스 상품을 시장에 파는 사람은 어떻게든 해당 뉴스의 시장 가치를 높이려고 애를 쓴다. 어느 사건이 발생하면 그 사건에서 독자 또는 시청자들이 가깝게 느낄만한 근접성 요소부터 찾는다. 외국에서 항공기 추락사고가 나면 한국인 희생자가 있는지 여부부터 먼저 챙기는 것은 근접성을 고려한 것이다.

뉴스 소비자들은 좀처럼 눈치 채지 못하지만, 같은 사건을 근접성에 따라 다르게 보도하는 경우도 종종 있다. 예를 들어 스포츠 신문에서 기아 타이거즈와 롯데 자이언츠의 야구 경기를 보도할 때, 호남에 보내는 신문과 부산에 보내는 신문을 다르게 제작한다. 경기 결과를 왜곡할 수는 없다. 단지 수용자의 근접성을 감안해 보도의 관점을 달리 한다. 호남에 배포되는 신문에는 기아 타이거즈를 주어로, 부산에 배포되는 신문에는 롯데 자이언츠를 주어로 쓴다. 그래서 호남의 독자가 보면 야구경기는 늘 기아가 이기거나, 진 게임이다. 롯데가 기아를 격파했다는 식으로 보도되지는 않는다. 부산의 독자에게 전달되는 신문은 그 반대라고 보면 된다.

기사 작성뿐 아니라 편집에서도 마찬가지다. 호남으로 가는 신문에는 기아 선수의 활약상이 두드러지는 사진을 게재하고 부산으로 가는 신문에는 롯데 선수 중심의 사진을 쓴다. 기아 타이거즈가 승리하면 호남으로 가는 신문에는 기아 소식을 머리기사로 올리지만 부산으로 가는 신문에는 기아 대 롯데 경기가 아닌 다른 팀 소식을 머리기사로 올린다. 다른 두 신문이 그렇다는 게 아니라 같은 제호의 한 신문이 배달지역에 따라 다른 내용의 신문을 제작해 배포한다. 국가 간 경기를 떠올리면 보다 쉽게 다가온다.

예를 들어 한국과 일본의 축구경기를 뉴스화한다고 하자. 축구경기라는 하나의 실체를 놓고 한국 매체는 한국팀 위주로, 일본 매체는 일본팀 위주로 뉴스를 작성한다. 만약 경기 결과가 한국 2 : 일본 1 이라면, 한국 매체는 한국이 2대 1로 이겼다고 쓸 것이고, 일본 매체는 일본이 1대 2로 졌다고 쓸 것이다.

국내 문제도 마찬가지다. 동일한 사안을 놓고 매체별로 다른 뉴스가 나오는 것은 뉴스의 본질상 자연스런 것이다. 모두 뉴스의 근접성 가치 때문이다.

4) 희귀성(unusualness)

누구나 한 번쯤 들어보았을 법한 뉴스의 격언에 이런 내용이 있다.

"개가 사람을 물면 뉴스가 안 되지만, 사람이 개를 물면 뉴스가 된다."

(If a dog bites a man, that's not news. But if a man bites a dog, that's news!)

개가 사람을 무는 일은 흔하지만, 반대의 경우는 좀처럼 일어나지 않는다. 흔히 일어나는 일은 뉴스가 될 수 없으며, 어쩌다 아주 드물게 일어나는 일이 뉴스가 된다. 그걸 뉴스의 희귀성(unusualness)이라고 한다.

희귀성 원칙에 따르면 아무리 중대한 사안이라도 매일 반복되면 뉴스 가치가 떨어진다. 개가 사람을 물면 피해자 입장에선 심각한 사안이지만 남들 눈에 충격적이거나 흥미로운 일은 아니다. 반려견이 사람을 물어 사망에 이르게 한 사건 정도면 뉴스 가치가 있지만, 우편을 배달하는 집배원이 개에 물린 사건이라면 언론에서 관심 두지 않는다.

반대로 아무리 사소한 일이라도 일반인의 예상과 통념을 뛰어넘는 것이라면 그 자체로 뉴스 가치가 있다. 머리 둘 달린 거북이가 발견되었다거나, 병원에서 네 쌍둥이가 태어났다거나, 또는 옆 집 개가 새끼를 10마리 낳았다는 등의 뉴스가 그런 것들이다. 사람 사는 데 별 영향을 주지는 않아도 '아니 세상에 그런 일이?'하며 눈이 휘둥그레진다면 무엇이든 뉴스의 자격이 있는 셈이다.

뉴스를 보면 '처음(first)', '마지막(last)', '유일(only)'이라는 말이 자주 나온다. "동계올림픽 스켈레톤 종목에 출전한 윤성빈 선수가 올림픽 썰매 종목에서 한국 처음으로 금메달을 땄다."고 하는 기사 문장이 전형적이다. 같은 내용을 이렇게 힘주어 표현하기도 한다. "아시아 선수 가운데 동계올림픽 썰매종목에서 금메달을 목에 건 선수는 윤성빈이 유일하다."

희귀성을 강조하는 것은 뉴스의 상품성을 높이기 위한 노력이다. 유능한 기자일수록 뉴스 가치를 높이는 기법에 능숙한데, 그 전형적인 수법이 희귀성 높이기다. 같은 사건이라도 희귀성이 도드라진 뉴스와 그렇지 않은 뉴스는 시장에서 대접이 다르다는 것을 아는 것이다. 그래서 이들은 사건이 발생하면 희귀성이란 가치부터 점검한다. 이런 일이 처음인가? 대개의 사건은 그렇지 않다. 돌고 도는 게 인생이고 역사다. 그렇다면 얼마 만에 있는 일인가?

이 대목에서 유능한 기자는 희귀성을 만들어낸다. 일정한 기준 시점을 설정한 뒤 그 이후 처음이라고 한다. '외환위기 이후 처음', '문재인 정부 출범 후 처음', 그것도 안 되면 '지난 5년, 혹은 3년 이래 처음'이라는 식으로 의미를 부여한다. 시점을 특정할 수 없고 통계수치로 확인할 수 없을 땐 '이례적'이라는 표현을 쓰기도 한다.

사실 자주 발생하는 평범한 이야기는 뉴스가 되기에 부적합하다. 만약 어느 언론사에서 이런 내용을 뉴스로 보도했다고 가정해보자.

> "오늘 전국의 고속도로는 대체로 원활했다. 경부 고속도로에서는 예년과 같은 수준의 승용차 충돌 사고가 일어났으나 큰 인명 피해는 없었다. 경찰에 따르면 어제 하루 전국의 어린이 중 누구도 유괴되지 않았으며, 모두 부모와 함께 가정에서 평화롭게 잠들었다. 검찰은 브리핑을 통해 유명 정치인에 대한 수사에서 별다른 진전이 없다고 밝혔다. 보건복지부는 이번 달 연금 수급자가 지난해와 같은 수준이며, 고용노동부는 지난달 실업률이 지난해 같은 기간과 비교할 때 큰 차이가 없다고 밝혔다. 교육부에 따르면 예년처럼 올해 2월에 각급 학교 졸업식, 3월에 입학식이 열린다."

이런 뉴스를 접한다면 수용자는 "무슨 뉴스가 이래?" 하는 반응을 보일 것이다. 사실 이런 뉴스를 본 적은 없다. 희귀성이 없는 사건은 뉴스로서 기본 자격이 없기 때문이다.

흔히 뉴스는 사회의 거울이라고 한다. 뉴스에 비치는 사회의 모습이 동시대의 현실을 정확히 반영한다는 점에서 나온 말이다. 하지만 희귀성 가치를 떠올리면 뉴스가 사회의 거울이라는 말은 절반만 진실이다. 뉴스는 실제로 일어나는 일들을 대부분 외면한다. 아래 스토리를 살펴보자.

"여고 동창인 40대 주부 두 사람이 오늘 한 카페에서 만나 커피를 마시며 과거 학창시절을 이야기했다."

"경기도 의정부에서 서울로 출퇴근하는 회사원 김모씨는 오늘 아침 평소보다 늦게 일어나는 바람에 식사를 거른 채 서둘러 지하철에 올랐다."

"고교 교사 A씨는 미모의 여학생 제자를 보고 마음 깊은 곳에서 성적 욕구가 일었으나 자신의 감정을 잘 극복해 아무 일도 일어나지 않았으며 학생들 중 누구도 눈치 채지 못했다."

"대학생 B씨는 1교시 수업에서 출석체크만 하고 강의실을 빠져나가는 이른바 출튀를 시도하려다 교수의 감시 눈길이 두려워 포기하고 끝까지 수업을 들었다."

우리 주변에서 늘 벌어지는 상황이다. 그런데 이렇게 사회의 현실을 거울처럼 비춰주는 얘기는 뉴스로서 가치가 없다. 스토리가 다음과 같이 달라져야 뉴스가 된다.

"커피를 함께 마시던 여고 동창생이 말다툼을 하다 우발적으로 살인을 저질렀다."

"서울로 출근하던 회사원 김모 씨가 지하철이 전복되는 사고로 목숨을 잃었다."

"교사 A씨가 여학생 제자에 강제로 키스를 하려다 혀가 깨물려 살점이 뜯겨 잘려나가는 상처를 입었다."

그렇다면 희귀하면 모두 뉴스가 될까? 그렇지는 않다. 로또복권 1등에 당첨될 확률은 814만 분의 1이다. 바늘구멍 같은 확률을 뚫고 당첨되는 것이니 희귀하기 짝이 없다. 그렇다면 이건 큰 뉴스일까? 당첨된 주인공에게는 그보다 더 큰 뉴스가 없겠지만, 대중 매체의 뉴스 기준에 따르면 이는 보도 가치가 없다. 개인의 당첨확률은 희귀하지만, 누군가 당첨자를 뽑는 추첨은 매주 반복된다. 희귀성이 없는 것이다. 매주 당첨자가 나와야

할 복권추첨에서 당첨자가 나오지 않아 이월이 계속된다면, 오히려 그런 일이 희귀성 뉴스가 된다. 어떤 사람이 로또복권에 2주 연속 1등 당첨되었다거나, 어느 복권 판매소에서 3회 연속 1등 당첨번호가 나왔다면, 희귀성 만점의 뉴스가 된다.

희귀성은 뉴스 수용자의 흥미를 자극한다. 그래서 뉴스를 읽는 재미를 준다. 신문이 상류 정치인들만 보는 정론지(政論紙)에서 일반 독자를 대상으로 하는 대중지(大衆紙)로 바뀐 이후 희귀성은 뉴스에서 줄곧 중요한 가치요소로서 자리매김해 왔다.

5) 갈등성(conflict)

사람은 이기적이다. 누구나 자기 이익을 추구한다. 성직자처럼 자신을 희생하고 남을 위해 헌신하는 이타적인 사람도 없지 않지만, 극히 예외적이다.

경제학에서는 인간의 이기심을 긍정한다. 개인이 각자 자신의 이익을 위해 최선을 다할 때, 사회의 이익도 커진다고 본다. 상품을 파는 사람은 최대한 비싸게 팔려 하고, 사는 사람은 최대한 싸게 사려고 한다. 그러다 보면 보이지 않는 선에서 가격이 자연스럽게 형성되며, 이것이 사회의 합리적 이익이라는 것이다.

뉴스에서는 인간의 이기심을 그 자체로 긍정하거나 부정하지 않는다. 다만 이기심과 이기심이 부딪히는 지점에서 양쪽의 입장을 수렴해 제3자에게 공표하는 역할을 한다. 이것을 뉴스의 갈등성(conflict)이라고 한다.

언론사에서 신참 기자들을 교육시킬 때 이렇게 강조한다.

"부딪히는 지점을 찾아서 지켜라, 그곳이 뉴스의 길목이다."

여당과 야당이 충돌하고, 사용자와 노동자가 대립하고, 기업과 기업이 경쟁하는 그 지점에서 많은 뉴스가 생산된다. 동질적 집단 안에서 갈등하는 사태라면 뉴스가치는 더 커진다. 집권세력 내 주류와 비주류, 여당과 정부, 회사 조직 내 고위 간부들 사이의 충돌 양상이라면 뉴스 가치는 더 높아진다. 뉴스는 속성상 평화보다 전쟁, 화해와 통합보다 긴장과 쟁투(爭鬪), 원만한 노사관계보다 분규와 시위를 좋아한다. 사람 사이 갈등을 먹고 자라는 게 뉴스다. 갈등의 골이 깊고, 터져 나오는 충돌양상이 심각하면 할수록 뉴스 가치는 커진다. 멀리는 전북 부안 핵 폐기물 처리장 설치 반대 시위나 제주도 해군기지 건설 반대 시위, 가깝게는 경북 상주 주민들의 사드배치 반대 시위까지 갈등성이 뉴스 요소가 된 사건들이다.

갈등성이 뉴스 시장에서 잘 팔리는 요소로 꼽히는 이유는 1차적으로 사람들의 호기심을 자극하기 때문이다. 자기에게 오는 피해만 없다면 불구경과 싸움구경 만큼 재미있는 게 없다는 옛말이 있다. 로마시대 검투사들의 대결이나, 요즘 시대 권투나 킥복싱 같은 격투기를 사람들이 보고 즐기는 심리적 배경이다. 누가 누구와 갈등한다는 것은 그 자체로 흥미를 유발한다.

그러나 갈등성 뉴스는 여기서 그치지 않고 그 이상의 기능을 한다. 이해당사자들의 갈등을 뉴스화한다는 것은 사람들이 만나는 공공의 광장에 의제를 올린다는 의미다. 그렇게 갈등이 공론화하면 이해집단 사이 물리적 충돌은 수그러들고 대화와 타협으로 조정될 수 있는 길이 열린다. 뉴스가 사회 갈등 조정의 기능을 하는 것이다.

6) 저명성(prominence)

뉴스는 사람을 차별한다. 같은 말인데도 어떤 사람의 말은 뉴스화하고,

어떤 사람의 말은 뉴스화하지 않는다. 어떤 이의 결혼은 대문짝 뉴스로 내보내지만, 다른 이의 결혼은 한 줄도 언급하지 않는다. 어떤 이는 교통사고로 부모형제를 한꺼번에 잃어도 뉴스에 안 나오지만, 어떤 이는 달리는 자전거에 부딪혀 무릎이 까지는 정도의 부상을 당했어도 대대적으로 나온다.

여기서 앞의 어떤 이와 뒤의 어떤 이를 구분하는 기준은 유명세다. 일반인이라면 뉴스가 되지 않는 일들이 유명인에게는 뉴스가 되는 것, 이걸 뉴스의 저명성(prominence)이라고 한다.

저명성은 분야를 가리지 않는다. 정계나 재계, 문화 예술계나 체육계, 어디든 가리지 않는다. 어느 분야에서든 유명한 사람이라면 그의 일거수일투족은 언제든 뉴스화할 가능성이 있다. 연예인이 대표적이다. 연예인의 결혼이나 이혼, 나아가 누구와 교제하거나, 헤어졌다는 내용까지 뉴스가 된다. 유명세가 높은 연예인은 결혼해서 2세가 생겼다는 얘기까지 뉴스로 나온다. 특히 연예계 소식을 주로 다루는 매체에선 이런 시시콜콜한 이야기에도 '단독'이라고 표시하며 중요 뉴스로 취급한다. 스타급 연예인의 교제 현장을 포착하기 위해 외국까지 좇아가 취재하기도 한다.

운동선수들도 저명성 뉴스의 주요 대상이다. 축구의 박지성, 야구의 이승엽, 배구의 김연경, 골프의 박인비 같은 선수들은 어딜 가든 뉴스의 주목을 받는다. 이들의 신상에 작은 변화만 있어도 기자들은 그냥 넘어가지 않는다.

2018년 평창 동계올림픽을 통해 스타덤에 오른 한국 컬링 여자대표선수들은 올림픽 이전과 이후 신분이 확연히 달라진 케이스다. 올림픽이 있기 전에는 그들이 어디서 무슨 행동을 하는지 아무도 관심 두지 않았지만, 올림픽에서 흥미진진한 경기를 펼치며 은메달까지 획득하자 모든 국민이 그들의 팬이 됐다. 이들은 올림픽 이후 청소기 광고 모델이 될 정도로 유명해졌으며, 그렇게 모델이 되었다는 사실 또한 저명성 원칙에 따라 뉴스화했다.

이렇게 보면 뉴스에서 저명성 가치란 눈덩이 같은 것이다. 저명하니까 뉴스가 되고, 뉴스가 나가니까 더 유명해진다. 평범한 사람이나 평범하지는 않아도 덜 유명한 사람에게는, 저명성 뉴스만큼 편파적이고 불공평한 것이 없다. 문학의 거장이 발표한 작품은 큰 뉴스로 나와도 막 등단한 작가가 내놓은 작품은 뉴스가 되지 못한다. 스타 가수의 신곡은 뉴스가 돼도 신인 가수는 가창력이 아무리 뛰어나도 뉴스로 나오기 어렵다. 실력이 아니라 이름으로 평가하는 셈이다. 뉴스의 지독한 편견이다.

하지만 그게 뉴스의 속성이기도 하다. 뉴스 또한 시장에 출시되어 소비자들의 선택을 받아야 하는 상품이다. 아무리 질 좋은 상품이라도 소비자가 외면하면 시장 가치는 높게 인정받을 수 없다. 반대로 질 낮은 상품이라도 소비자가 좋아하면 그 시장 가치는 무시할 수 없게 된다. 뉴스란 대중을 상대로 파는 상품이기 때문이다.

알랭 드 보통은 그의 저서 〈뉴스의 시대〉에서 저명성 뉴스의 시장 가치를 통계로써 보여준다. 어느 특정일의 BBC 뉴스 웹사이트의 트래픽을 조사해보니, 나이지리아 교회에서 외부 습격으로 19명이 사망한 뉴스에 9,920건, 남아프리카에서 종족 간 총격으로 5명 사망했다는 뉴스에는 2,540건의 클릭건수가 기록됐다. 반면 케임브리지 공작부인이 7월 출산 예정이라는 뉴스에는 582만 건, 데이비드 보위가 컴백해 싱글차트 톱 10에 올랐다는 뉴스에는 252만 건의 클릭이 있었다. 중앙아프리카의 절망적 상황보다 영국 귀족 집안에서 아기가 태어난다는 저명성 뉴스에 500배 이상의 관심을 보인 것이다.

뉴스는 왜 필요할까

뉴스는 나와 상관없는 일로 가득 차 있다. 어디서 불이 났다거나, 사람이 물에 빠져 죽었다거나, 누가 장관이 되었다거나, 또는 어느 유명 정치인이 비리 혐의로 구속되었다거나, 신문 방송을 장식하는 뉴스는 보통 사람과 관계가 없다. 우리 집이, 우리 학교가, 나 자신이 뉴스에 등장하는 일은 평생 한 번 있을까 말까 할 정도다. 그렇게 나와 무관한 이야기를 우리는 왜 죽어라고 찾아서 보는 걸까.

인간이 만물의 영장(靈長)이 된 것은 정보수집 능력 덕분이다. 맹수처럼 날카로운 발톱이 있거나, 독수리처럼 하늘을 나는 날개를 가진 것도 아닌데 인간이 만물을 다스릴 수 있었던 것은 주변 정보를 수집해 위험에 대비하는 생존능력이 있었기 때문이다. 의식주 다음으로 인간에 필요한 것이 주변 정보인 셈이다.

그런데 현대 사회로 접어들면서 정보의 양은 무한대가 된다. 정보의 홍수 속에서 무엇이 생존에 필요한 것이고, 무엇이 쓸데없는 것인지 일일이 가려낼 방도가 없다. 그렇다고 본능에만 의존하기에는 사방은 위험요소들로 가득하다.

이 때 정보를 가공해서 버릴 것은 버리고, 취할 것은 취하도록 해 주는 게 뉴스다. 뉴스는 세상 돌아가는 일을 압축해서 전해준다. 뉴스만 보면 필요한 정보를 얻을 수 있다. 가보지 않은 곳, 경험하지 못한 시대의 이야기를 뉴스는 전해준다. 북한에 가 보지 않고도 북한의 지도자 이름과 얼굴, 평양 시내의 모습을 머릿속으로 떠올릴 수 있는 것은 뉴스 때문이다. 청와대나 국회를 직접 가지 않고도 그곳의 정보를 파악할 수 있는 것도 뉴스 덕분이다.

만약 뉴스가 없다면 어떻게 될까. 어느 날 세상의 모든 뉴스가 사라졌다고 상상해보자. 뉴스는 세상의 밝은 면보다 어두운 면을 주로 비춘다. 누가 누구와 치고 박고 싸우거나, 남의 것을 훔치고 뺏고 했다는 식의 소식만 잔뜩 늘어놓는 뉴스, 그래서 보고 나면 기분이 좋아지는 게 아니라 스트레스를 안겨주는 뉴스가 사라진다니 유토피아가 따로 없겠다고 생각할지 모르겠다. 실제 공산주의 국가에서는 이 같은 이유 때문에 뉴스를 통제한다. 그래서 북한 노동신문에는 북한 내 사건 사고 뉴스는 실리지 않는다. 노동신문만 보면 북한은 1년 내내 범죄 한 건 일어나지 않는 이상향의 나라다. 물론 그것은 진실이 아니다. 뉴스를 차단함으로써 사람들의 눈을 가리고 있을 뿐이다.

뉴스가 사라진다면 우리는 하루아침에 암흑세계에 빠지게 된다. 일기예보가 없으니 학교 갈 때 우산을 가지고 가야 할지, 외투를 걸치고 가야 할지 망설이게 된다. 새로운 기능을 가진 스마트폰이 시중에 출시되었다거나, 연예인 아무개가 아무개와 교제하다 헤어졌다는 얘기 따위도 물론 알 수 없다. 어느 기업이 올해 신규 사원을 얼마나 뽑는지, 미국의 경제 상황은 얼마나 호전되고 있는지 정보를 얻을 길이 없다.

월드컵 축구대회에서 한국이 4강에 진출해도, 올림픽에서 한국 선수가 금메달을 무더기로 따내도 같이 기뻐하고 응원하고 박수칠 수가 없다. 현직 대통령이 탄핵되어도, 새로운 대통령 선거가 실시되어도, 국회에서 중요 법안을 통과시켜도 뉴스가 없으면 우리는 깜깜할 수밖에 없다. 어느 지역에 메르스 같은 전염병이 돌아도, 독감이 유행해도, 구제역 같은 가축 전염병이 들끓어도 대처할 수가 없다. 홍수, 폭설, 심지어 전쟁이 일어나도 상황 파악을 할 수 없다. 입에서 입으로 전해지는 소문에만 귀를 기울이게 된다. 소문이 소문을 낳고, 공포를 부르고, 사회는 대혼란에 빠질 뿐이다. 뉴스 없는 세상은 유토피아가 아니라 혼돈의 도가니일 뿐이다.

반대로 뉴스가 있어서 가능한 것은 무엇일까. 뉴스가 사라진 뒤를 상상하는 것보다 뉴스가 있기에 가능한 것을 떠올리는 게 더 어려울지 모르겠다. 우리 사회를 건강하게 지탱해 나가는 데 필수적인 요소들은 평소 그 존재감을 잘 느끼지 못하기 때문이다. 물이 그렇고 공기가 그렇고 뉴스가 그렇다.

〈뉴스룸(Newsroom)〉이라는 미국 드라마가 있다. 방송국에서 뉴스를 만드는 사람들의 일과 사랑을 소재로 삼은 드라마다. 한국에서도 꽤 알려진 이 드라마의 가장 강렬한 장면은 첫 회에 나온다.

뉴스 진행자인 주인공 윌 맥어보이는 TV로 중계되는 공개 좌담회에서 "왜 미국이 세계에서 가장 위대한 나라인지 말해 달라."는 한 대학생의 질문을 받자 "미국은 위대한 나라가 아니다."고 질문의 전제 자체를 부정해 버린다. 그러면서 "미국은 한때 위대했던 시절이 있었다."며 "우리가 모든 것이 될 수 있었고 모든 것을 할 수 있었던 것은, 우리가 정보를 제공받았기 때문(We were informed)에 가능했다."는 유명한 대사를 남긴다. 언론을 통해 올바른 정보를 제공받을 때 미국은 위대한 나라가 될 수 있었지만, 지금은 그렇지 못하다는 신랄한 멘트다.

맥어보이의 말이 아니어도 오늘날 미국을 세계 제1의 선진국으로 만들어준 기반 중 하나가 언론이다. 미국은 올바른 정보와 자유로운 의견 개진이 완전하게 보장된 나라다. 수정헌법 1조는 언론 출판의 자유를 제한하는 어떠한 법률도 제정할 수 없다고 규정하고 있다. 뉴스에 재갈을 물리는 따위의 일은 애초에 발상조차 할 수 없도록 헌법에 못 박은 것이다.

미국의 뉴스는 백악관의 음모와 계략을 파헤치고 현직 대통령을 자리에서 물러나게 한 찬란한 역사를 가지고 있다. 성역 없는 뉴스가 민주주의를 가능하게 한다.

미국에 어깨를 견줄 정도는 아니지만, 한국의 민주주의에도 뉴스의 역할은 결정적이다. 영화 〈1987〉에서 보듯 철권통치가 횡행하던 그 엄혹한 시절 민주화의 물줄기를 연 것은 한 줄의 뉴스였고, 그로부터 30년이 지난 뒤 대통령 배후에 국정을 농단하는 세력이 있다는 사실을 밝혀내 탄핵을 이끌어 낸 것도 일련의 뉴스였다.

우리 사회에서 뉴스는 감시견(watchdog) 역할을 하고 있다. 언론을 입법부, 사법부, 행정부와 더불어 제4부(the fourth estate)라 칭하는 이유, 미국의 3대 대통령 토머스 제퍼슨(Thomas Jefferson)이 "신문 없는 정부보다 정부 없는 신문을 택하겠다."고 한 그 정신은 21세기 한국 사회에서도 여전히 통용된다.

뉴스의 원칙

1) 정확성

　뉴스 보도에서 지켜야 할 기본 원칙 세 가지를 들면 정확성과 공정성, 그리고 객관성이다. 신문윤리강령에 "우리 언론인은 사실의 전모를 정확하게, 객관적으로, 공정하게 보도할 것을 다짐한다."고 나와 있는 그대로다.

　이 중 정확성은 뉴스가 뉴스로 기능하는 데 있어 기본 중의 기본이다. 우리가 뉴스를 이용하고 소비하는 주된 목적은 뉴스를 통해 새로운 정보와 지식을 얻고자 함이다. 뉴스를 통해 얻은 정보와 지식이 사실과 다르다면, 구태여 시간을 들여 소비해야 할 이유가 없다. 정확성은 뉴스 상품의 생명과도 같은 것이다.

　그런데 뉴스는 역설적이게도 불완전한 상품이다. 사실을 다룬다고 하지만 한 치의 오차 없이 100% 사실만을 담은 완전무결한 뉴스는 생각보다 많지 않다.

　뉴스는 긴급 정보를 다룰 때가 많다. 보도 가치가 있는 정보를 입수했을 때 언론은 취재를 통해 진실 여부를 확인한 뒤 뉴스화하는 게 당연한 원칙이다. 하지만 그렇게 하기에는 시간이 촉박할 때도 있다. 예를 들어 마감이 임박한 시점에 책임 있는 공직자가 특정 지역의 방사성 누출 사실을 발표했다고 하자. 선택은 두 가지다. A 언론사는 실제 방사능이 누출되었는지 취재에 나선다. 사실관계가 확인될 때까지 보도를 유보한다. 반면 B

언론사는 공직자의 발표를 믿고 신속히 보도한다. 어느 쪽이 언론의 역할을 다하는 것일까.

문제의 발표가 진실만을 담고 있는지, 아니면 일부 부정확한 내용도 포함하고 있는지 뉴스를 내보내는 시점에선 누구도 알 수 없다. 그렇다고 아니면 말고 식으로 운에 맡길 수도 없는 노릇이다.

이런 경우엔 뉴스의 성격을 따지는 게 우선이다. 신속성이 요구되는 뉴스인가, 정확성이 중시되는 뉴스인가에 따라 처리 기준이 달라진다. 방사성 누출처럼 국민의 안전과 생명에 직결되는 뉴스라면 긴급 처리가 원칙이다. 나중에 일부 부정확성이 드러나더라도 일단 지체 없이 보도하는 게 맞다. 긴급 환자를 이송하는 119 구조 차량이 빨간불 신호가 들어왔다고 멈춰 설 수 없는 것과 같은 이치다. 긴급 차량은 신호를 무시하고 달려도 된다. 그게 합법적이다.

한국 언론 사상 희대의 오보 사건으로 불리는 '세월호 학생 전원구조' 뉴스는 어떻게 된 걸까. 언론에 기레기(기자 쓰레기)라는 치욕의 별명을 안겨준 이 뉴스의 발단은 교육 당국의 문자메시지다.

대형 재난사고가 나면 사고 초기에 온갖 정보와 소문이 난무하게 마련이다. 진실이 드러나기까지 시간이 필요한데, 소문은 참을성이 없다. 확인되지 않은 이야기들이 사람들의 입에서 입으로 바람처럼 전해진다. 세월호 침몰 사고 때도 마찬가지였다. 수학 여행길에 오른 학생들이 탄 배가 바다에 잠기는 모습이 TV 화면에 비쳤을 때 학생들의 안위가 초미의 관심사가 되는 것은 지극히 당연하다. 이 때 배에 탄 단원고 학생들이 모두 구조되었다는 미확인 소문이 경기도교육청 관계자의 귀에 들어왔다. 교육청은 곧장 출입 기자들에게 휴대폰 문자메시지를 보내 "단원고 학생 전원 구조됨."이라고 알렸고, 문자를 받은 기자들은 사실관계를 확인하지 않고 그대로 뉴스화했다.

이 오보가 미친 파장은 깊고 크다. 신속하게 진행돼야 할 구조 활동이 한 템포 늦어지면서 골든타임이 지나버렸다. 기자들은 입이 열 개라도 할 말이 없게 되었고, 언론의 신뢰도는 바닥으로 떨어졌다. 정확성 원칙을 지키지 못한 뉴스는 이렇게 무섭다.

드러내놓고 말은 못해도 억울하게 생각하는 기자들도 있다. 교육청에서 출입기자 전원에게 공개적으로 보낸 문자는 믿을 만한 정보원의 책임 있는 발표인데, 이 발표를 믿지 못하고 일일이 확인해야 한다면 신속성이 요구되는 뉴스 보도를 어떻게 하겠느냐는 것이다.

하지만 이는 뉴스 원칙에 대한 오해다. 뉴스에도 신속성이 중요할 때와 정확성이 우선될 때가 있다. 사람 목숨이 위급한 상황에선 긴급성이 요구된다. 설령 나중에 일부 사실과 다른 내용이 드러난다 해도 사회에 경각심을 불러일으켰다는 공익 목적이 인정될 수 있다.

그러나 반대의 경우는 사정이 다르다. 안전하다면 비상등을 켜고 달려야 할 이유가 없다. 119 구조 차량도 긴급 환자가 타지 않았을 때는 신호를 지키도록 돼 있다. 인명이 구조되었으니 안심해도 좋다는 메시지는 사실 여부를 확인한 뒤 전달해도 큰 문제가 없다. 이 뉴스는 긴급이 아니라 정확성이 요구되는 것이다.

뉴스에서 정확성은 다른 말로 하면 진실성이 된다. 사실관계가 틀린 뉴스는 정확성 원칙에 어긋나면서 다른 한편으론 진실성의 의무를 위반한 것이 된다.

범죄 기사에선 결과적으로 진실성 의무를 위반한 뉴스가 종종 발생한다. 어느 고위공직자가 뇌물 수수 혐의로 검찰 수사를 받는다. 본인은 결백을 주장하지만 의심할 만한 정황 증거가 있어 재판에서 유죄 선고를 받는다. 언론은 범인의 파렴치한 행태를 준엄하게 꾸짖는 뉴스를 쏟아낸다. 그런데 2심, 3심으로 가면서 재판부 판단이 전혀 다르게 나와 피의자가 무죄 확정판결을 받는 경우도 적지 않다.

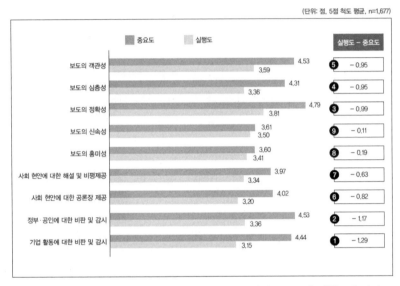

(단위: 점, 5점 척도 평균, n=1,677)

	중요도	실행도	실행도 - 중요도
보도의 객관성	4.53	3.59	⑤ - 0.95
보도의 심층성	4.31	3.36	④ - 0.95
보도의 정확성	4.79	3.81	③ - 0.99
보도의 신속성	3.61	3.50	⑨ - 0.11
보도의 흥미성	3.60	3.41	⑧ - 0.19
사회 현안에 대한 해설 및 비평제공	3.97	3.34	⑦ - 0.63
사회 현안에 대한 공론장 제공	4.02	3.20	⑥ - 0.82
정부·공인에 대한 비판 및 감시	4.53	3.36	② - 1.17
기업 활동에 대한 비판 및 감시	4.44	3.15	① - 1.29

2017년 언론인 의식 조사에서 나타난 취재보도 원칙의 중요도와 실행도의 차이
(자료: 한국언론진흥재단)

정두언 전 국회의원이 그런 경우다. 그는 2012년 9월 솔로몬 저축은행 회장으로부터 1억 3천만 원을 받은 혐의 등으로 검찰 수사를 받고 재판에 넘겨졌다. 당시 현역 국회의원이던 그는 시종일관 돈 받은 사실이 없다며 결백을 주장했다. 하지만 1심에서 유죄가 인정돼 징역 1년에 추징금 1억 4천만 원을 선고받고 법정 구속됐고, 2심에서도 일부 감형을 받긴 했으나 유죄의 굴레를 벗지는 못했다.

대법원에서 그는 모든 혐의를 벗고 무죄 확정판결을 받았다. 1심 판결이 있은 지 2년이 지난 시점, 이미 열 달 옥살이를 마치고 만기 출소한 뒤였다. 자신의 결백이 최종적으로 입증되었지만, 그동안 입은 피해는 회복 불

가능에 가까울 정도였다. 그가 검찰 수사 대상에 올랐을 때부터 소환조사
−불구속기소−재판−징역형 선고−구치소 복역에 이르는 전 과정이 고스
란히 뉴스로 전해지면서 사람들 뇌리에 부정적 이미지가 심어졌다. 이런
일련의 뉴스 때문이라고 할 수는 없겠지만, 다음번 국회의원 선거에서 그
는 낙선했다.

정 전 의원은 당시 뉴스들이 원망스러울 것이다. 하지만 뉴스에 책임을
물을 수는 없다. 언론은 검찰과 법원의 사법처리 과정을 뉴스 기준에 따라
보도할 뿐이다. 범죄사건 재판에서 하급심과 상급심의 판단이 다르게 나
오는 것은 예나 지금이나 종종 있는 일이다. 그게 3심제를 시행하는 취지
이기도 하다.

언론은 뉴스를 보도하는 그 시점에서 정확성과 진실성 원칙에 충실하면
책임을 면할 수 있다. 다만 검찰과 법원의 판단을 진실이라고 섣불리 단정
하지 않는 주의력이 요구된다. 뉴스 문장에서 피의자를 주어로 한 피동형
이 아니라 검찰 또는 법원을 주어로 한 능동문을 쓰는 게 하나의 방법이
다. "아무개가 뇌물을 받은 것으로 드러났다."라고 쓰지 말고, "검찰은 ~
라고 보고 있다.", "무슨 혐의를 적용해 기소했다."는 식의 문장이나, "법
원은 ~라고 판단해 ~을 선고했다."는 식으로 보도하는 것이다. 이것이
헌법에 나와 있는 무죄추정의 원칙을 지키는 길이다. 이 점에서 정두언 전
의원의 결백 주장을 '발뺌전략'이라고 해 거짓말로 단정하는 듯한 표현을
쓴 일부 언론의 보도는 무리였다.

2) 공정성

뉴스가 공정해야 한다는 것은 문외한도 아는 말이다. 특정 뉴스를 비판

할 때 편파적이라고 하는 이야기를 수없이 들어온 터다. 하지만 무엇이 편파적이고 무엇이 공정한가를 판단하기란 뜻밖에도 간단하지 않다.

공정(公正)이란 단어의 사전적 의미는 공평과 올바름이다. 이걸 뉴스에 적용하면 형평성(impartiality)과 균형(balance), 정의로움(fairness)을 의미한다. 뉴스가 어느 한 쪽에 치우치거나, 어느 편을 들지 않으면서 공명정대해야 한다는 의미다.

뉴스라는 상품을 저울에 올려놓고 잴 수 있다면 어떨까? 형평성을 수치로 나타낼 수 있다면 시비를 사전에 해소할 수 있다. 하지만 그런 저울이 있을 리 없다. 저울이라면 뉴스를 보는 사람 각자의 마음속 저울 밖에 없다. 누구에게는 형평성을 지킨 뉴스가 누구에게는 균형 잃은 뉴스로 비칠 수 있다. 뉴스의 공정성이 끊임없이 논란의 대상이 되는 이유다.

형평성과 균형성은 중립성(中立性)과 유사한 개념이다. 두 당사자의 한 가운데 입장을 지키는 것이다. 특히 정치 뉴스에서 중립성은 공정성과 직결된다. 여당 대표의 국회 연설 뉴스를 신문 1면에 다루었다면 야당 대표의 국회 연설 또한 같은 비중으로 1면에 뉴스화하는 게 중립이고 공정이다. 선거 TV 토론에서 여야 후보의 발언 시간을 균등하게 배분하거나, 일반 정치 뉴스에서 정당별 입장을 동등한 비중으로 취급하는 것이다. 때로는 기계적 중립이라고 비판받기도 하지만, 공정 뉴스를 담보하는 1차적 요건이 중립성이라고 할 때 꼭 필요한 원칙이다.

다만 사회 부문으로 오면 사정이 달라진다. 가운데를 지키는 중립성이 공정성을 담보해준다고 볼 수 없다. 중립 지점이 어디인지도 애매하지만, 설령 찾는다 해도 중립을 지키는 게 올바른 것(fairness)인가 의문스러울 때가 적지 않다.

어느 대기업에서 노사 간 협상이 결렬돼 노조가 파업을 예고했다고 하

자. 노사는 이럴 때 언론을 상대로 여론 싸움에 나선다. 회사 측은 노조원 평균 임금이 우리나라 전체 근로자 평균 임금보다 몇 배 높다는 자료를 공개하며 "귀족 노조의 배부른 파업"이라는 식으로 노조를 비난한다. 노조에선 사실과 다르다고 부인한다. 하지만 회사 측에 맞설 만한 임금 자료가 노조에 있을 리 없다. 사실과 다르다고 반박해 보지만 그 근거를 설득력 있게 제시하지는 못한다.

이 상황에서 뉴스는 어떤 모습이어야 할까. 노조 측 주장을 0이라 하고 회사 측 주장을 100이라 하면, 가운데 지점은 50이다. 뉴스는 이 쪽 주장과 저 쪽 입장을 나란히 소개하면서 판단은 독자의 몫으로 돌린다. 하지만 독자 입장에서 보면 "나더러 어쩌란 말이냐"는 불만이 터져 나올 수 있다. 어느 쪽이 잘했다, 잘못했다는 식의 가치를 담은 뉴스라면 개인 성향에 따라 동조하거나, 반대하는 식으로 자기 입장을 정할 수 있다. 그런데 서로 다른 양쪽 주장이 단순 나열된 마당에 무엇을 근거로 옳고 그름을 판단하란 말인가. 이런 기계적 중립은 공정과 거리가 멀다. 뉴스의 본질이자 사명인 진실 추구 정신을 외면하는 것이다.

국제관계 뉴스로 눈을 돌리면 공정성이나 중립성은 종종 공허한 수사 (修辭)가 된다. 국제 뉴스는 기본적으로 자국 관점에서 출발한다. 우리는 우리나라, 그들은 그들 나라를 중심에 놓고 세상을 본다. 미국의 대외정책 뉴스는 우리에게 대미 뉴스가 되고, 일본의 경제정책은 우리에게 대일 뉴스가 된다. 주한미군 분담금 문제나 한일 과거사 문제를 한국과 미국, 한국과 일본 중 어느 쪽으로도 치우치지 않고 딱 중간 지점에서 바라본다는 것은 사실상 불가능하다.

우리나라가 직접 관련되지 않은 국제 분쟁에서도 마찬가지다. 미국과 이라크, 구소련과 아프가니스탄이 전쟁을 벌일 때 양쪽의 딱 중간 지점을 뉴스 판단의 거점으로 삼는다는 것은 이론상으로는 가능할지 몰라도 현실에선 불가능하다. 결국 국제관계 뉴스를 볼 때 우리가 기억해야 할 것은 어느 한 쪽의 편파적 시각으로 쓰여 있을 가능성이다. 이 대목을 염두에 두고 뉴스를 소비해야 균형감을 유지할 수 있다.

3) 객관성

뉴스의 객관성이란 기자의 주관적 견해를 배제하고 사실을 있는 그대로 편견 없이 전달하는 것을 말한다. 한마디로 흰 것을 희다고 하고, 검은 것을 검다고 하는 것이다.

이렇게 보면 지극히 당연한 원칙이다. 뉴스란 원래 그래야 하는 것 아닌가. 그런데 흰 것과 검은 것이 섞여 있다면 어떻게 될까. 흰 부분을 본 기자는 희다고 하고, 검은 부분을 본 기자는 검다고 할 것이다. 실체는 하나인데 뉴스는 두 가지로 나오게 된다. 코끼리 뒷다리를 긁은 사람은 코끼리 피부가 늘어져 있다고 하고, 코끼리 앞머리를 본 사람은 코끼리 피부가 매끈하다고 할 것이다. 왜 이렇게 다르냐고 물으면 눈앞에 보이는 그대로 썼다는 대답이 나올 게 뻔하다. 두 기자 모두 뉴스의 객관성 원칙에 충실했던 셈이다.

만약 흰 것과 검은 것이 섞여 있다는 걸 눈으로 똑똑히 보고도 흰 것을 부각시키고 검은 것을 무시하거나, 또는 그 반대로 뉴스를 작성한다면 어떨까. 그렇게 특정 부분을 강조하거나 무시하는 이유가 어느 한 쪽을 편들기 위한 의도라면 객관성 원칙을 명백히 저버린 것이다.

그런데 어느 특정 부분을 무시하고 강조하는 이유가 뉴스 가치를 판단하는 관점의 차이라고 하면 어떻게 될까. 이때에도 객관성 원칙을 저버렸다고 할 수 있을까?

뉴스란 세상에 일어나는 모든 일을 빠짐없이 기록하는 것이 아니다. 보도 가치가 있는 일부 사실들을 선택적으로 기술한다. 흰 것과 검은 것이 섞여 있을 때, 흰 것은 보도 가치가 없고 검은 것만이 보도 가치가 있다면, 검은 것 위주로 보도한다. 그게 저널리즘이다.

어느 쪽이 많고 적든 그것은 상관이 없다. TV 예능프로그램에 나온 연예인이 녹화시간에 말을 많이 했다고 해서 방송 분량이 늘어나는 게 아닌 것과 마찬가지다. 영양가 없는 멘트는 아무리 많이 해도 가위질 되고 만다. 반대로 녹화 분량이 아무리 적어도 멘트에 임팩트가 있다면 비중 있게 편집된다.

유명 정치인이 대학에 가서 한 시간 동안 강연을 하면서 59분은 정치 일반에 대해 그저 그런 얘기를 하고, 마지막 1분간 정국 현안과 관련해 청와대를 직접 비판하는 내용의 발언을 했다고 하자. 강연을 지켜본 기자들은 59분의 발언은 무시하고 1분 발언에 의미를 부여해 뉴스화한다. 해당 정치인은 발언의 진의를 왜곡한 악의적 뉴스라며 반발하기도 하지만, 뉴스를 좇는 기자에겐 마지막 1분 발언만이 중요하다. 그걸 무심결에 스쳐 듣고 지나쳤다가는 눈 뜨고 낙종하는 꼴이 된다.

경우에 따라 다른 상황이 전개되기도 한다. 청와대를 비판하는 정치적 발언이 뉴스 기준에 부합하지 않는다고 판단하는 언론사가 있을 수 있다. 검은 것을 분명 보았지만 이 언론사 뉴스에는 검은 얘기가 나오지 않게 된다.

뉴스의 객관성은 늘 논란과 시비의 대상이다. 당연히 지켜야 할 것 같지만 가장 지키기 어려운 게 이 원칙이다.

비근한 예가 선거 보도다. 제10대 대통령선거가 있을 때 방송통신심의위원회 산하 선거방송심의위원회는 모두 31건의 보도에 대해 제재를 의결했는데, 이중 10건이 객관성 위반이다. 다른 사유를 보면 형평성 위반이

5건, 공정성 위반이 4건, 정치적 중립성 위반이 2건 등이다. 사실을 객관적으로 다루지 않거나, 쟁점이 된 사안에 대해 다른 관점과 견해를 제대로 보도하지 않은 보도가 현실에서 그처럼 많다는 얘기다.

뉴스란 어떤 사건에 대한 해석에서 출발할 수밖에 없다. 이 때 해석은 평가와 취사선택을 동반한다. 무엇을 중요시 여기고, 그래서 무얼 취하고 무얼 버리느냐가 뉴스의 기원(起源)인 셈이다. 이런 측면에서 객관성은 저널리즘의 본질상 달성 불가능하다고 보는 견해도 많다.

객관성 원칙에 충실하려면 뉴스에서 사실과 의견을 엄격히 분리하면 된다. 사실은 사실대로 보도하고, 의견은 자유롭게 표명하는 것이다. 여기서 사실성(factuality)이란 진실하면서(truthful) 적합하고(relevant) 불편부당한(unbiased) 이야기를 말한다. 현실을 중립적으로 균형 있게 보도해 하나의 사건이 한 가지로 보이도록 해야 한다는 뜻이다. 뉴스가 공동체의 갈등 사안을 민주적으로 해결해주는 기능을 한다고 할 때 흰 것은 희고, 검은 것은 검다고 인식하는 현실 공유가 우선이다. 그런 공유의 인식 위에서 문제를 보는 관점과 해결을 위한 서로 다른 방안이 의견과 주장으로 나타나면 된다. 그게 객관주의의 장점이다.

우리나라에선 법으로 금지되어 있지만, 미국에선 선거 때 언론사마다 특정 후보를 지지한다는 입장을 사설을 통해 공개적으로 나타낸다. 뉴욕타임스가 2016년 대선 때 힐러리 클린턴 후보를, 그 4년 전에는 버락 오바마 후보를 지지한다고 공표한 게 대표적이다. 뉴욕타임스는 그러면서도 선거 도중 지지하는 후보에 불리한 사실이 드러나면 사실은 사실대로 뉴스화한다. 적어도 개념상으로는 그렇다. 진보와 보수로 나뉘어 사실관계마저 선택적으로 보도하는 우리나라 언론에선 상상하기 어려운 얘기다.

NEWS

뉴스가 나오기까지

"사람들이 절대 지켜봐서는 안 되는 두 가지가 있다. 소시지 만드는 것과 법률 만드는 것이다." 미국 작가 마크 트웨인이 한 말이다. 소시지와 법률은 우리 생활 깊숙이 들어와 있지만, 어떤 공정을 거쳐 만들어지는지 그 과정은 똑같이 비밀에 부친다는 사실을 꼬집은 말이다.

외교가에서는 "소시지와 외교의 공통점"이라는 말도 한다. 외교 역시 물밑에서 이뤄지는 업무 속성상 제조 과정이 비공개일 수밖에 없다는 것이다.

뉴스도 소시지와 닮은 점이 있다. 뉴스가 어떻게 만들어져 나오는지 뉴스 제조업자는 그 과정을 공개하지 않는다. 특종기사를 쓴 기자가 특종후기라고 취재과정을 공개할 때도 있지만, 내용을 자세히 들여다보면 중요한 과정은 대개 빠져있다.

뉴스를 만드는 언론사 뉴스룸을 신문에선 편집국, 방송에선 보도국이라고 한다. 이곳은 배우는 학생들에게 단골 견학 코스다. 하지만 겉으로 보아선 이곳의 작동원리를 절대 알 수 없다. 언론은 뉴스가 만들어지는 제조 과정의 본질을 결코 알리고 싶어 하지 않는다. 소비자들에게 민낯을 보여줄 수 없는 경우도 많다.

영화나 드라마를 보면 뉴스를 좇는 기자들 모습이 나온다. 사건 현장에서 이리 저리 뛰어다니고, 기자회견장에서 속사포처럼 질문 공세를 퍼붓고, 제보자를 만나 은밀한 정보를 입수하기도 한다. 영상을 담아야 하는 방송 기자는 마이크 들고 카메라 앞에 서서 리포트를 한다. 일반인에게 비춰지는 뉴스 제조과정은 여기까지다. 그렇게 손에 들어온 뉴스를 어떻게 상품으로 완성하는지, 그 뒤의 모습은 보여주지 않는다.

언론에서 뉴스 상품을 만들어내는 공정은 기본적으로 수직적 피라미드 구조다. 영화에서 보이는 것은 그 피라미드의 맨 하부구조이다.

하부구조에서 우리 눈에 띄는 일선 기자들은 주어진 영역에서 움직인다. 사건 담당이라면 경찰이나 검찰에서, 정치 담당이라면 정당 주변에서 뉴스를 좇는다. 무작정 뛰어다니는 게 아니라 뉴스가 나오는 길목을 지킨다. 영미권에서는 비트(beat), 우리는 출입처라고 하는 곳이다.

출입처는 정치·경제·사회·문화 등 모든 분야를 망라한다. 대통령 집무실이 있는 청와대에서부터 국회와 정부 부처, 사법기관, 나아가 시민사회단체나 문화체육예술단체에 이르기까지 거미줄처럼 촘촘하게 뻗어 있다.

출입처의 비중은 뉴스가 얼마나 많이 나오는 곳이냐에 따라 다르다. 뉴스 그물을 던져놓고 하루 종일 기다려도 물고기 한 마리 안 잡힌다면 그 출입처는 비중이 낮은 곳이다. 기자 한 명이 온 종일 그곳에만 매달릴 수 없다. 이럴 때는 출입처 2~3곳을 한 명이 동시에 커버한다.

반면 하루에도 그물이 찢어지도록 물고기가 많이 올라오는 출입처라면, 기자 한 명으로 감당할 수 없다. 대통령 선거가 끝나 당선인은 있는데 취임은 하지 않은 상태, 이때 운영되는 대통령직 인수위원회가 그런 출입처다. 발길에 차이는 게 물고기일 정도로 뉴스가 몰려 있다. 대개 언론사 한 곳에서 기자 2~4명을 내보낸다.

뉴스 피라미드의 둘째 단 구조는 뉴스룸 내에 있는 부서(部署)다. 뉴스 생산 단위를 나누어놓은 소집단이다.

출입처에 나가 있는 기자들은 각자가 속한 부서가 있다. 청와대나 국무

총리실을 출입하는 기자는 정치부, 보건복지부를 출입하는 기자는 사회부, 금융위원회를 담당하는 기자는 경제부 하는 식이다. 이 부서의 책임자가 차장이고 부장이며, 데스크라 불리는 경험 많은 기자들이다.

뉴스 생산공정에서 출입처와 데스크는 매우 긴밀한 관계다. 출입처 기자는 데스크에 모든 뉴스를 보고하고, 데스크는 출입처 기자에 모든 뉴스를 지휘한다. 뉴스 취재는 출입처 기자의 몫이지만, 그 뉴스를 상품으로 완성해 내보내는 것은 데스크의 몫이다. 출입처 기자가 기사를 작성해 송고하면, 데스크는 내용을 더하거나 빼거나, 표현을 다듬는다. 사실관계가 불확실하다며 보완 취재를 지시하기도 하고, 기사 방향이 잘못되었다며 수정을 요구하기도 한다. 애초에 보고하지 않은 사안을 취재하라고 지시하기도 하고, 보고한 사안을 뉴스 가치가 없다며 무시할 때도 있다. 이걸 언론계 은어로 킬(kill) 됐다고 한다.

기자는 자신이 취재하는 사안이 왜 뉴스가 되는지 독자에 앞서 데스크부터 설득시켜야 한다. 데스크 설득에 실패하면 그 취재 아이템은 뉴스로 빛을 볼 수 없다.

기자와 데스크는 뉴스의 내용과 방향을 놓고 하루에도 몇 번씩 마주친다. 온라인상에서 문자로 대화하거나, 전화 통화한다. 여기서 어떤 대화를 주고받느냐에 따라 뉴스의 운명이 결정되는 셈이다.

그러나 데스크의 권한 집중은 기자의 취재 자율성을 제약해 뉴스의 보수화를 가져오는 부정적 측면도 없지는 않다. 데스크의 개인 성향에 따라 뉴스가 춤을 추기도 하고, 현장 감각이 떨어지는 데스크가 '감 놔라 대추 놔라' 하며 뉴스를 산으로 가져가는 일도 벌어진다. 독자나 시청자는 속사정을 알 길이 없다. 완제품으로 나온 뉴스를 보고 '어, 좀 이상한데?' 하며 고개를 갸웃거릴 뿐이다.

경향신문 편집국 모습

뉴스 피라미드의 상단에는 몇 개의 부서를 아울러 통할하는 에디터 (editor) 그룹이 있고, 그 위에 뉴스룸 최고 책임자인 편집(보도)국장이 있다. 편집국장은 각 부서를 맡고 있는 부장들과 하루 3~4차례 회의를 열어 그날의 뉴스를 어떻게 요리할 것인지 논의한다. 종이신문 1면 머리기사는 무엇으로 할 것인지, 이어지는 2면, 3면 등 각 면별 기사는 어떻게 처리할 것인지 판단하고 결정한다. 방송사 보도국장이라면 메인 뉴스시간에 내보낼 톱기사와 단신 기사, 이튿날 아침 뉴스 시간에 내보낼 기사 등을 선정한다.

이 편집(보도)국장이 주재하는 회의에서 뉴스로 인정받지 못한 기사는 독자(시청자)에 전달될 수 없다. 기자가 작성했고, 데스크에서 인정했다 해도 마지막 문턱에서 주저앉게 되는 셈이다.

하나의 뉴스가 세상에 나오려면 기자-데스크-에디터-국장으로 이어지는 다단계 관문을 무사히 통과해야 한다. 어느 관문에서라도 '뉴스가치 없음'이라는 판정을 받으면 다음 관문으로 넘어갈 수 없다. 그렇게 킬되는 뉴스는 매일같이 발생한다. 소시지 같은 제조공정 때문에 단지 우리 눈에 보이지 않을 뿐이다.

이런 뉴스 제조공정을 전문용어로 게이트키핑이라고 한다. 뒤에 상술하겠지만 게이트키핑은 고품질의 뉴스 상품을 만들어내기 위한 안전장치다. 오보는 데스크 기능이 제대로 작동하지 않아 발생한다. 반대로 큰 특종의 배후에도 데스크가 있다. 미국 보스턴글로브 신문의 실제 취재사례를 바탕으로 만든 영화 〈스포트라이트〉에 보면 새로운 편집국장이 데스크 역할을 톡톡히 해 풀리처상에 빛나는 특종을 캐낸다.

NEWS

제2장

뉴스의 유통과 소비

뉴스의 수명

　사람이 태어나서 숨을 거둘 때까지 기간을 수명(壽命)이라고 한다. 인간의 수명은 의학의 발달로 늘어나고는 있지만, 무한정일 수는 없다. 사람 손에 의해 태어나는 뉴스도 수명이 있다. 태어나서 뉴스로서의 자기 역할을 다 하고 사라지는 기간이 뉴스의 수명이다.

　뉴스의 수명은 매미의 그것과 비슷하다. 매미는 땅속에서 3~4년의 세월을 기다려야 날개를 달고 하늘을 날 수 있다. 그렇게 인고의 세월을 견뎌내고 태어나도 지상에서의 삶은 고작 2~4주에 불과하다. 뉴스 또한 취재 현장에서 아이템으로 발탁되고, 사실관계 취재가 이뤄져, 문장으로 작성된 뒤, 데스크의 게이트키핑까지 통과해야 비로소 세상의 빛을 보게 된다. 이 과정이 하루에 끝날 수도 있지만 몇 주, 혹은 몇 달이 걸리기도 한다. 그런 난관을 거쳐 탄생한 뉴스가 사람들의 관심을 받는 시간은 매우 짧다는 게 뉴스의 원초적 불행이다.

　뉴스의 이런 단점을 이용해 수명을 강제로 단축시키는 경우도 있다. 공개하고 싶지 않지만 어쩔 수 없이 공개해야 하는 뉴스가 있을 때 타이밍을 조절하는 방안이다.

　미국에서 9·11 테러 사건이 났을 때 영국 교통부 장관의 특별보좌관 조무어(Jo Moore)는 "오늘은 무엇이든지 묻어버리기 좋은 날"이라는 내용의 이메일을 직원들에게 보냈다. 잦은 철도 사고 등으로 서비스 개선 압력을 받고 있던 교통부가 이때를 틈타 나쁜 소식을 발표하면 테러 뉴스에 묻혀 거의 보도되지 않을 것이란 점을 노린 것이다. 그녀의 조언에 따라 영국 교통부는 지역 의회 의원의 수당에 대한 새로운 체계를 담은 보도자료를 배포했다. 여론의 뭇매를 맞을 만한 사안이었지만 9·11이라는 엄청난 사건에 가려 아예 보도되지 않거나, 보도되더라도 사람들 눈에 띄지 못하고 금세 사라졌다. 탄생과 동시에 숨을 거둔 뉴스가 된 것이다.

우리나라에서도 이와 유사한 뉴스 수명 줄이기 행태는 곳곳에서 발견된다. 검찰과 법무부, 나아가 정치권까지 내키지 않은 발표를 해야 할 때면 주로 금요일을 선택한다. 박근혜 정부에서 경찰이 국정원 피의자를 소환할 때, 원세훈 전 국정원장이 국감에 출석할 때, 교육부가 한국사교과서 수정방침을 발표할 때 모두 금요일 오후였다. 대형 사건이 없다면 금요일 오후가 뉴스 주목도가 가장 떨어지는 시기라는 게 정설로 돼 있다. 웬만한 뉴스는 주말을 지나면서 수명을 다 하기 때문이다.

우리가 접하는 뉴스의 대부분은 평균 수명이 하루 이틀밖에 안 된다. 운동경기나 선거 관련 뉴스가 특히 수명이 짧다. 누가 누구와 경쟁하는데 판세가 어떻다는 식의 예상과 전망 기사는 그 시점에서는 나름대로 의미도 있고 흥미도 있다. 보는 즐거움이 있다. 하지만 결과가 나온 뒤에는 한순간에 휴지조각이 된다. 이미 우승자가 결정된 마당에 "그라운드에서 쓰러질 때까지 혼신의 힘을 다해 우승컵을 들어올리겠다."는 각오가 누구 귀에 들어올 것이며, 이미 당선자가 결정된 마당에 "내가 시장이 되면 세금을 대폭 낮추겠다."고 하는 낙선자의 공약이 무슨 소용이 있겠는가. 뉴스는 기본적으로 시의성(時宜性)을 먹고 사는 상품인 것이다.

뉴스가 시의성 상품이라는 말은, 뉴스 소비자 입장에서 보면 하나의 이용 꿀팁이 될 수도 있다. 뉴스를 볼 때 해당 뉴스의 수명을 짐작해보고 읽을지 말지 선택할 수 있다는 뜻이다.

사실 자고 나면 달라질 문제에 많은 시간을 할애해 이모저모 다 알아야 할 필요는 없다. 대형 사건이 터지면 TV는 뉴스 속보로 도배가 되다시피 한다. 사건의 중심에서 한 발, 아니 반 발짝만 나아가도 대단한 진전인 양 보도한다. 며칠 후에 보면 단순 해프닝으로 끝날 사건도 당시에는 큰일이 나 되는 것처럼 뉴스화한다.

스위스의 롤프 도벨리라는 작가는 영국 신문에 실은 기고문에서 "매일 쏟아져 나오는 뉴스들은 단편적이고 피상적인 정보를 전달하고 사실을 실제 이상으로 과장하거나 축소해 인식을 오도한다."며 "인간을 수동적으로 만들고 시간만 빼앗는 뉴스는 덜 볼수록 좋다."고 주장했다. 이른바 뉴스 무용론이다.

뉴스 무용론까지는 아니어도 뉴스의 수명을 감안해 '구분 소비'를 할 필요는 있다. 그날그날 소비해야 하는 뉴스와, 한동안 굴러가는 상황을 내버려 두었다가 어느 정도 정리된 뒤 소비해도 무방한 뉴스를 구분하는 것이다. 대형 사건이 터지면 뉴스는 속보 경쟁에 빠져들어 일반 수용자들의 눈높이를 종종 외면한다. 하루하루의 뉴스를 보아서는 무슨 말을 하는지 이해가 안 될 때가 많다. 그러니까 그런 뉴스는 아예 유보했다가 상황이 일단락된 뒤 소비하는 게 현명하다. 외국에선 이런 기사를 라운드업(round-up) 뉴스라고 해 대형 사건이 발생하면 주기적으로 서비스한다.

하지만 현실에서 이런 소비행태는 찾아보기 어렵다. 보통 소비자들은 뉴스의 수명에 상관하지 않는다. 오늘 이 시간 흥미 있는 문제라면 내일까지 기다리지 않고 오늘 소비하려 든다. 운동경기에서 경우의 수를 따지는 뉴스가 대표적이다. 한국 축구팀의 월드컵 16강 진출 가능성에 대해 모든 경우의 수를 설정하고 하나하나 짚어가며 전망해주는 뉴스를 꼼꼼하게 읽는다. 며칠만 지나면 16강 진출 여부가 가려져 아무짝에 쓸모없게 될 뉴스임을 뻔히 알면서도 눈앞의 재미를 외면하지 못하는 것이다. 사실 이 점이 뉴스가 가진 매력이기는 하다.

뉴스의 수명이 다 같지는 않다. 품질과 형태에 따라 차이는 분명 있다. 탄생하기까지 공이 많이 들어간 뉴스, 그래서 세상을 깜짝 놀라게 하는 뉴스는 오랫동안 존재감을 드러낸다. 매미가 되기 전, 땅속 애벌레로서 지내는 기간이 길면 길수록 뉴스의 수명은 늘어난다.

박근혜 정권을 움직이는 비선 실세의 실체를 파헤친 특종 뉴스가 바로 그런 경우다. 대통령 탄핵과 특검 수사, 구속과 재판 등으로 이어지는 정치적 격변의 단초가 된 이런 뉴스는 역사에 길이 남는다. 미국의 워터게이트 사건 뉴스나, 한국의 1987년 대학생 물고문 치사 사건 뉴스가 오늘날 인구에 회자(膾炙) 되는 것과 같은 이치다. 이런 뉴스는 수명이 영원하다는 점에서 영생(永生) 뉴스라 해도 될 것 같다.

뉴스의 시장

1) 전통 시장의 쇠락

경제학에서는 모든 것이 교환·거래된다고 본다. 사는 쪽과 파는 쪽이 필요에 따라 재화와 서비스를 주고받는다. 그렇게 교환·거래되는 곳을 시장(market)이라 부른다.

뉴스도 상품인 만큼 교환·거래되는 시장이 있다. 뉴스를 만드는 이와 만들어진 뉴스를 소비하는 이가 시장에서 각자 가진 것을 주고받는다.

과거에는 뉴스 시장의 형태가 단순했다. 방송뉴스는 방송국이, 신문뉴스는 신문사가 매체 특성에 따라 소비자와 교환하거나 거래하면 그만이다. 방송이라고는 KBS, MBC, SBS 같이 지상파 방송사밖에 없던 시절, 뉴스를 포함해 모든 방송 콘텐츠는 소비자들에 무료로 제공됐다. 거래는 이뤄지지만, 거래 대금이 0원인 시장이다. 소비자가 내는 돈은 없다.

뉴스 소비자는 돈 대신 눈과 귀를 제공한다. 시간을 할애해 방송으로 나오는 뉴스를 청취하거나 시청한다. 그런 소비 행위가 많이 일어나면 날수록 상품 가치는 커진다. 이걸 청취율 또는 시청률이라는 수치로 나타내고, 그것이 시장 거래에서 하나의 기준이 된다.

1990년대 케이블 방송, 2000년대 IPTV가 도입되면서 사실상 온 국민이 돈을 내고 방송을 보는 유료방송 시대가 열렸지만, 뉴스를 돈 주고 본다는 인식은 여전히 없다. YTN이나 연합뉴스TV는 24시간 뉴스만 방송하는 전문 채널로 케이블 또는 IPTV에 가입해야만 볼 수 있는 채널이다. 그렇더라도 이 채널 시청자가 "내가 지금 돈 내고 뉴스 보고 있다."고 생각하지는 않는다. 방송 시장에 나오는 뉴스는 예나 지금이나 무료라는 인식이 확고하다.

신문 뉴스는 시장에서 유료로 거래된다. 신문이 처음 생겨날 때부터 그랬고, 지금도 유료라는 형태 자체는 큰 변함이 없다. 그날그날 뉴스를 신문 한 부에 담아 팔기도 하고, 한 달 치 신문으로 묶어 팔기도 하는 등 패키지의 내용이 다를 뿐이다. 일간 또는 월간 단위의 상품 거래다.

방송 시장에선 무료로 교환되는 뉴스가 신문 시장에선 유료 상품이 되는 이유는 무엇일까. 방송 뉴스는 전파에 실어 송출하기만 하면 여러 사람이 모인 시장으로 쏜살같이 전달된다. 송출시설만 설치해 놓으면 뉴스가 소비자에게 전달되는 필요한 추가 비용은 거의 들지 않는다. 반면 전달력은 신문에 비해 훨씬 뛰어나다. 방송 뉴스에 붙는 광고비는 신문 광고비와는 비교할 수 없을 만큼 비싸다.

신문은 상품을 완성해 시장에 내놓기까지 제작비용이 들고, 그 상품을 소비자 손에 전달하기까지 유통 비용이 또 들어간다. 상품을 하나 더 만들 때마다 추가 비용이 들어가는데 그만큼 광고수익이 늘어나지는 않는다. 신문을 방송처럼 무료로 제공하는 것은 웬만해서는 발상 자체를 하기 어렵다.

한때 무료 신문이 유행처럼 번진 적이 있기는 하다. 2000년대 초 지하철 승객을 겨냥해 나온 〈메트로〉〈포커스〉〈AM7〉 같은 시사종합지, 〈굿모닝서울〉〈스포츠한국〉 같은 스포츠 신문이 그것이다.

무료 신문은 뉴스의 제작 및 생산, 인쇄, 유통에 이르기까지 모든 비용을 광고비로 충당하는 개념이다. 무료 상품으로 손님을 끌고, 그렇게 모은 손님에게 광고할 수 있는 기회를 기업에 돈 받고 제공하는 방식이다.

이 같은 비즈니스 구조가 뉴스 시장의 새로운 수익 모델처럼 인식되면서 무료 신문은 번창해갔다. 출근길 시민들 손에 신문이 몇 개씩 공짜로 쥐어지자 아무도 돈 주고 신문을 사려 하지 않았다. 기존의 유료 신문들은 신생 무료지에 비해 내용이 풍부하고 품질도 우수했지만 공짜 상품을 이겨내기에는 역부족이었다. 가판 뉴스 시장은 무료 뉴스의 등장과 함께 하루아침에 쑥대밭이 됐다.

가판대에 놓인 신문들

요즘은 지하철에서 신문을 사려고 해도 파는 곳을 찾기 어렵다. 신문을 파는 거리의 매점, 즉 가판 시장이 대거 사라진 때문이다. 신문 가판대를 역사의 뒤안길로 밀어버린 게 다름 아닌 무료 신문이다.

하지만 무료 신문의 전성기는 오래가지 않았다. 스마트폰이 등장하면서 뉴스 시장은 디지털 세계로 급속히 빨려 들어갔다. 사람들은 손 안의 기기에서 뉴스를 무료로 볼 수 있게 되자 무료 신문부터 외면했다. 지하철 앞에서 인기리에 배포되던 무료 신문은 갈 곳을 잃고 쓰레기가 되어 재활용 수집상 손에 들어가는 신세가 됐다.

사람들이 눈길을 주지 않는 곳에 돈 들여 광고할 이유는 없다. 무료 신문은 광고주가 외면하면서 적자가 쌓여갔고, 끝내 문을 닫을 수밖에 없었다.

　무료 신문이 한때 반짝 전성기를 누렸지만, 신문 시장 자체에 영향을 미칠 정도는 아니다. 신문의 빅 마켓(Big Market)은 예나 지금이나 가판대가 아니라 정기 구독 시장이다. 가정과 사무실에서 정기적으로 신문을 받아보는 독자를 확보하는 경쟁, 그러니까 월간 패키지 상품 판매가 신문 시장의 본질이다.

　이 신문 시장은 어디에 가면 볼 수 있을까. 시장의 현황, 다시 말해 어느 신문의 독자가 얼마나 되는지는 한국ABC협회 사이트에 접속하면 소상히 알 수 있다.

　ABC(Audit Bureau of Circulations)는 신문과 잡지의 발행부수를 조사해 공개하는 제도다. 1914년 미국에서 처음 시작된 이후 세계 많은 나라에서 이 제도를 채택해 시행하고 있으며, 우리나라에선 1989년 5월 세계 23번째로 도입됐다.

　한국 ABC 발표에 따르면 2017년 우리나라 163개 일간신문에서 발행하는 신문은 모두 967만 3,885부다. 이를 신문 종류별로 나누면 〈조선일보〉 〈중앙일보〉 〈동아일보〉 〈한겨레〉 〈경향신문〉 같은 전국 종합일간지가 절반이고, 나머지 절반이 경제신문과 지역신문, 스포츠와 영자신문 등을 합친 것이다. 소위 메이저 신문이라 불리는 전국종합일간지가 신문 뉴스 시장을 과점하고 있는 셈이다.

　발행부수에서는 조선-동아-중앙-한겨레-경향 순이다. 경제전문지 시장에선 매일경제와 한국경제가 한겨레보다 더 많은 부수를 자랑한다.

　여기서 발행부수는 신문을 찍어낸 분량, 유료부수는 돈을 받고 판매한 분량을 말한다. 둘 사이 격차는 판촉물로 쓰이는 무료부수 때문에 생긴다.

　어느 상품이든 시장 파워는 소비자 크기에 달려있다. ABC 제도의 기본 취지도 개별 매체의 시장 파워를 파악하는 데 있다. 매체별 독자 정보를 검사

하고 인증해 광고주에게 정확한 자료를 제공하는 게 ABC 협회의 목적이다.

순위	신문명	발행부수 (비고)	(유료부수 순) 유료부수
1	조선일보	1,513,073	1,254,297
2	동아일보	946,765	729,414
3	중앙일보	978,798	719,931
4	매일경제	705,526	550,536
5	한국경제	529,226	352,999
6	농민신문	(주3회) 293,436	287,884
7	한겨레	239,431	202,484
8	경향신문	196,174	165,133
9	문화일보	177,887	163,090
10	한국일보	213,278	159,859
11	국민일보	185,787	138,819
12	스포츠조선	158,220	124,044
13	스포츠동아	162,591	122,464
14	서울신문	164,446	116,028
15	부산일보	142,421	113,565
16	스포츠서울	144,345	109,427
17	매일신문	123,396	96,479
18	국제신문	110,629	81,162
19	어린이동아	98,962	77,801
20	일간스포츠	106,625	76,470

2017년도(2016년분) 일간신문 163개사 인증부수 (자료: 한국ABC협회)

이 때문에 ABC에서 조사해 발표하는 시장 정보는 개별 신문의 광고 수입에 결정적 영향을 준다. 같은 크기의 광고라 하더라도 독자 규모가 큰, 그래서 시장 파워가 강한 신문의 광고료가 비쌀 것이기 때문이다. 신문사들이 독자를 늘리기 위해 치열한 경쟁을 하는 이유가 여기에 있다.

2000년대 초반까지 신문을 신규로 구독하는 사람에게 자전거나 비데 또는 10만 원 상당의 상품권을 선물로 주는 시장 관행이 있었다. 아파트 등 주택가에서 1만 원짜리 10장을 한 손에 쥐고 지나는 주부에게 "1년만 구독하면 이걸 드립니다."라고 유혹하는 판촉요원의 모습을 어렵지 않게 볼 수 있었다.

월 정기구독료가 1만~1만 5천 원이던 때 1년 구독 사은품으로 10만 원을 준다면 실제 소비자 지불가격은 얼마란 말인가. 많아야 연 8만 원, 적으면 2만 원도 안 된다는 뜻인데, 이게 과연 가능한 일일까. 월 2천 원도 안 되는 돈을 받고 비가 오나 눈이 오나 매일 아침 손님 아파트 문 앞까지 따박따박 배달해준다는 게 어떻게 가능할까. 일반 소비자들로서는 얼핏 이해가 가지 않는다.

비결은 우리나라 신문의 수입구조에 있다. 국내 신문사 매출은 판매보다 광고비 비중이 훨씬 크다. 판매 수입 대 광고 수입의 비율이 대략 3대 7이다. 구독료를 깎아주더라도 독자수를 늘려 광고비 수입을 올리는게 유리하다.

이 같은 광고 의존도는 신문 산업에서 광고주의 파워를 키워 뉴스 시장의 혼탁상을 가져온다. 실제 대기업이 특정 신문의 보도 성향이 마음에 들지 않는다며 광고를 중단하는 일이 벌어진다. 이렇게 되면 해당 신문은 물론 다른 신문들도 광고주 눈치를 보게 마련이다. 신문이 독자보다 광고주를 의식하면서 뉴스의 중립성과 공정성에는 물음표가 찍힌다. 당장 표시나게 편들지는 않는다 해도 궁극적으로 뉴스의 신뢰도를 떨어뜨리고 신문시장에 마이너스 영향을 미친다.

디지털 시대 종이신문 시장의 감소세는 피할 수 없는 흐름이다. 여기에 뉴스의 신뢰도 하락마저 겹치면서 시장은 걷잡을 수 없는 속도로 내리막길을 타고 있다.

한국언론진흥재단 조사에 따르면 2017년 종이신문 구독률은 9.9%다. 여기서 말하는 구독률은 가구 구독률이다. 가정에서 정기 구독하는 비율이 얼마나 되는지를 나타낸다. 그러니까 신문 보는 집이 열 집 건너 한 집 있을까 말까하다는 말이다.

한국언론진흥재단에서 언론수용자 의식조사를 처음 실시한 1996년 신문 구독률은 69.3%로 나와 있다. 20년 전만 해도 열 집 중 일곱 집은 매일 신문을 받아보았다는 얘기다. 이후 98년 64.5%, 2000년 59.8%, 2006년 40%, 2010년 29%, 2014년 20.2%로 뚝뚝 떨어지더니 급기야 한 자릿수로 추락한 것이다.

연령별 지표를 보면 더욱 도드라진다. 2017년 신문구독률 조사에서 50대(13.7%)와 60대(16.1%)는 두 자릿수지만, 30대(4.0%)와 20대(3.9%)는 한 자릿수, 그 중에서도 중간 아래 지대로 떨어져 있다. 제로에 수렴될 날이 멀지 않은 것처럼 보인다.

실제 대학생 젊은이들 가운데 종이신문 보는 사람은 눈을 씻고 보아도 찾기 어렵다. 신문을 구독하는 가정에서도 실질적인 독자는 청년이 아니라 부모나 조부모다. 젊은 학생은 신문에 손도 대지 않는다.

이들이 태어나고 자라던 1990~2000년대 초는 세상의 모든 것이 아날로그에서 디지털로, 오프라인에서 온라인으로 급속히 바뀌어가던 시기다. 디지털과 함께 자란 디지털 네이티브들에게 종이신문은 박물관의 유물과 크게 다를 바 없다. 신문에는 어떤 뉴스가 어떤 식으로 구성되고 배치되는지 관심이 없다. 알고 싶어 하는 기색도 없다.

신문 독자들에게는 생소한 개념인 열독률이란 지표도 있다. 정기구독 여부와 별개로 실제 신문을 읽은 사람이 얼마나 되는지를 측정하는 수치다. 음식점에서 잠깐 신문을 보았든 사무실에서 보았든 상관없이 "지난 1주일간 당신은 신문을 본 적이 있습니까"라고 묻는 설문이다. 이 열독률 지표 또한 2002년부터 미끄럼틀을 타기 시작해 급격한 하강곡선을 그리고 있음이 조사결과 명확하게 드러난다.

언론계에서는 고육책으로 결합열독률이란 개념을 만들어낸다. 신문 뉴스를 신문으로 접하든, 인터넷으로 접하든 열독한 것은 마찬가지라는 취지에서 둘의 열독비율을 합친 것이다. 이 잣대를 들이대면 신문 뉴스를 보는 사람은 줄지 않고 있다는 결론이 나온다.

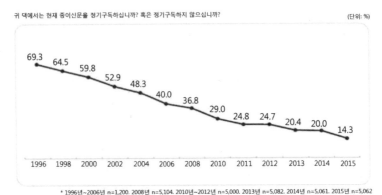

귀 댁에서는 현재 종이신문을 정기구독하십니까? 혹은 정기구독하지 않으십니까? (단위: %)

* 1996년~2006년 n=1,200. 2008년 n=5,104. 2010년~2012년 n=5,000. 2013년 n=5,082. 2014년 n=5,061. 2015년 n=5,062

신문구독률 추이 (자료: 한국언론재단)

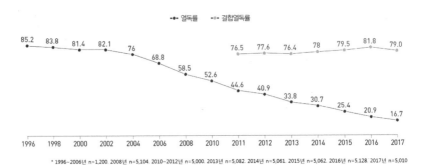

(단위: %)

* 1996~2006년 n=1,200. 2008년 n=5,104. 2010~2012년 n=5,000. 2013년 n=5,082. 2014년 n=5,061. 2015년 n=5,062. 2016년 n=5,128. 2017년 n=5,010

종이신문 열독률 및 결합열독률 추이 (자료: 한국언론재단)

호주의 미래학자 로스 도슨은 한국에서 종이신문이 소멸되는 시기를 2026년으로 예측한 바 있다. 구독률 추이만 보면 예측의 신뢰도가 있어 보이지만, 꼭 그렇게 단정할 수는 없다.

로스 도슨이 종이신문 소멸 시기를 예측한 때는 2010년이다. 당시 도슨은 세계 각국별로 예상 시기를 발표했는데, 미국은 2017년에 소멸될 것이라고 했다. 2017년이 지나고 2018년이 된 뒤에도 미국에선 수많은 종이신문이 발행된다. 세계에서 가장 권위 있는 신문 중 하나로 꼽히는 미국 뉴욕타임스의 마크 톰슨 최고경영자(CEO)는 2018년 2월 "미국에서 인쇄물 형태의 뉴스를 접할 수 있는 시기는 약 10년 정도"라고 말했다. 종이신문 시장이 쇠락하기는 해도 금방 문을 닫을 것 같지는 않다는 뜻이다.

종이신문은 시장에서 살아남을 수 있을까, 아니면 끝내 소멸하게 될까, 소멸한다면 그 시기가 언제일까. 이런 이슈는 신문 업계로 보아선 생존이 걸린 중요한 문제이지만 뉴스 소비자, 그중에서도 젊은이들에게는 관심 밖의 일이다. 다만 한 가지, 한국에는 호주 학자가 눈치 채기 어려운 시장 특수성이 있다는 사실은 기억해둘 필요가 있다.

한국의 종이신문 시장이 다른 나라에 비해 상대적으로 견고한 배경에 '회장님 변수'도 있다. 대기업 회장들은 대개 50대 후반 아니면 60대, 70대다. 디지털에 익숙하지 않고, 또 익숙해야 할 필요도 없는 특수계층이다. 이들은 회사 관련 뉴스를 신문 지면으로 보고받길 원한다. 일목요연하게 스크랩한 보고서 자료를 좋아한다.

회장이 신문 스크랩을 찾으면 아래 직원들은 신문 지면을 중요시하게 되고, 이는 언론사 기자들 인식에도 영향을 준다.

대기업 홍보실에서는 일상적으로 뉴스를 점검한다. 다음날 아침 배포될 신문을 저녁에 미리 보고 자기 기업에 불리한 기사가 발견되면 즉각 대응에 나선다. 해당 기사에 대한 해명을 여러 경로를 통해 표명한다.

기사에 나온 팩트에 아무런 문제가 없을 때에는 읍소에 나서기도 한다. "제발 기사 크기라도 줄여달라."는 식으로 부탁한다. 그런 요청이 받아들여져 신문 지면이 밤사이 달라지는 경우가 실제 있다. 가령 저녁에 미리 나온 신문에는 1면 톱에 올라가 있던 기사가 다음날 아침 신문에 2면, 또는 3면으로 옮겨간다든지, 경제면 톱으로 보도된 기사가 경제면 2단, 3단으로 내려앉는다든지 하는 지면 위치 이동이 일어난다. 1면 톱기사와 경제면 3단은 뉴스 비중에 있어 엄청난 차이다.

기사의 지면 배치가 이처럼 달라졌음을 보여주는 신문 자료는 기업 홍보실 직원들에게 큰 힘이 된다. 다음날 아침 CEO에 "○○신문에 톱으로 보도된 것을 밤사이 3단으로 내렸습니다."라고 보고할 수 있기 때문이다. 홍보실의 존재의 의미를 한껏 드러낼 기회다.

대기업 CEO들이 오프라인 시장을 선호하는 것은 종이신문에 실리는 광고를 보아도 짐작할 수 있다. 한번 게재되는 데 수천만 원씩 하는 대기업 광고가 인터넷에는 안 실려도 종이신문에는 심심찮게 실린다. 일부 대기업은 인터넷 신문에는 상품 광고만 할 뿐 브랜드 이미지 광고는 아예 하지 않는다. 이래저래 종이신문 뉴스 시장은 회장님들이 먹여 살리고 있는 셈이다.

2) 온라인 시장의 개막

1990년대 이후 뉴스 시장은 오프라인에서 온라인으로 중심 이동이 이뤄진다. 상품을 내놓는 공급자나, 구매하는 소비자 모두 오프라인보다 온라인 시장을 먼저 떠올린다. 온라인 뉴스 시장은 날마다 늘어나는 손님으로 활기가 넘치는데 오프라인 시장은 손님 발길이 점점 뜸해지면서 갈수록 먼지만 풀풀 날리게 된다. 아침에 눈을 뜨면 습관처럼 문밖의 신문부터 집어 들던 사람들이 온라인으로 눈을 돌리면서 정기구독을 끊는 가정이 늘어간다.

뉴스에서 온라인 시장이 대세가 되기까지 두 번의 소비자 대이동이 있었다. 한 번은 컴퓨터 보급 이후 개인컴퓨터(PC)를 접점으로 하는 온라인 시장이고, 다른 한 번은 스마트폰 도입 이후 모바일을 접점으로 하는 온라인 시장이다. 이 두 번의 변곡점을 지나면서 오프라인 뉴스 시장은 한껏 쪼그라들고, 온라인 뉴스 시장은 크게 팽창했다.

첫 번째 온라인 시장이 열린 것은 1986년이다. 당시 뉴미디어로 촉망받던 PC통신 데이콤이 한국경제신문의 기사를 제공받아 인터넷에 올린 것이다. 뉴스를 온라인으로 서비스한다는 발상은 획기적이었지만, 그걸 구현하는 기술은 따라가지 못했다. PC 통신도 인터넷망이긴 하지만, 로딩 속도가 원시적 수준이었다. 텍스트 한 줄 한 줄 다운받아 기사를 읽으려면 엄청난 인내가 필요했다. 기사에 그림 파일이라도 포함돼 있다면 밤을 새워야 할 정도였다. 그러니 확산될 수 없었다.

인터넷 뉴스 서비스가 본격화한 것은 1995년 중앙일보가 조인스닷컴(joins.com)을 개설하면서부터다. 그때까지 종이신문만 발행하던 신문사들은 조인스닷컴을 보고 인터넷에 눈을 뜨게 됐고, 너도 나도 온라인 서비스에 나섰다. 인터넷 뉴스 시장이 열린 것이다. 이때부터 종이신문에 실리는 뉴스는 온라인과 구분 짓는 차원에서 오프라인 뉴스라 부르게 됐다.

여기서 용어정리의 필요성이 있어 보인다. 언제부턴가 우리는 온라인이라는 말보다 인터넷이라는 말을 더 많이 쓴다. 온라인 뉴스, 온라인 신문이라고 하지 않고, 인터넷 뉴스, 인터넷 신문이라고 한다.

때로는 혼용해서 쓰기도 한다. 그래도 딱히 잘못 되었다는 지적을 받지는 않는다. 뉴스 검색을 하다보면 온라인신문협회라는 단체도 나오고, 인터넷신문협회라는 단체도 나온다. 온라인과 인터넷은 어떻게 같고 다른 걸까?

온라인(on-line)이란 문자 그대로 연결 라인 위에 있다는 뜻이다. 컴퓨터 통신망에 연결된 상태를 말한다는 점에서 인터넷과 다를 게 없다. 다만 온라인은 인터넷이 보편화하기 전 PC통신 시대에 나온 용어라는 점을 상기할 필요가 있다.

PC 통신이라면 20대 젊은이들에게는 생소하게 느껴지겠지만, PC와 PC를 연결하는 1980년대 통신방식이다. 전자우편이나 채팅, 전자게시판(BBS) 같은, 그 전까지 상상도 못하던 기술문명이 구현된 게 PC 통신을 통해서다.

인터넷은 세계 모든 컴퓨터를 하나의 그물망으로 연결하는 세계 최대 규모의 통신망이다. PC 통신이 하나의 통신망이라면, 인터넷은 통신망과 통신망을 연동해 놓은 망(網)의 거대한 집합체다. PC 통신 서비스가 가입자끼리만 이용 가능한 폐쇄적 방식이었다면, 인터넷은 세계 누구와도 정보를 주고받거나 공유할 수 있는 새로운 커뮤니케이션 매체다. 2000년대들어 초고속인터넷이 보편화되면서 PC 통신은 쇠락의 길로 접어들었지만, 온라인이라는 용어는 이후에도 살아남았다.

국내 주요 일간지들이 오프라인 뉴스를 인터넷으로 서비스하면서 붙인이름이 온라인 뉴스다. 중앙일보의 조인스닷컴(joins.com)을 비롯해 경향신문, 국민일보, 동아일보, 조선일보, 매일경제, 문화일보, 한겨레신문, 한국경제신문, 한국일보의 온라인 뉴스 책임자들이 1998년 결성한 단체가한국온라인신문협회(온신협)다. 이 협회 소속 매체는 종이신문을 발행하면서 종이신문에 보도한 뉴스를 온전히 인터넷에 제공한다는 공통점이 있다. 다시 말해 신문협회 회원사들이다.

신문협회 소속 전통 언론사들은 세계적으로 부는 닷컴(.com) 열풍을 좇아 인터넷 홈페이지를 개설하긴 했지만, 그게 무엇을 뜻하는지 제대로 알지는 못했다.

이들은 자사(自社)의 전통 매체에 먼저 보도한 기사를 인터넷 공간에 올리기만 하면 되는 줄 알았다. 한번 사용하고 난 물건을 온라인에서 복사—

붙이기해 재생하면 그게 인터넷 뉴스라고 생각한 것이다. 이런 인식에서 인터넷 뉴스를 무료로 제공하는 것은 당연하게 받아들였다.

인터넷 뉴스 시장의 성질을 간파한 것은 종이신문 없이 인터넷으로만 뉴스를 제공하는 매체들이다. 2000년 창간한 〈오마이뉴스〉를 비롯해 〈프레시안〉 〈이데일리〉 〈아이뉴스24〉 등 독립형 인터넷 신문들이 그들이다.

이들 독립형 인터넷 매체는 2002년 단체를 결성하면서 한국인터넷신문협회(인신협)라고 이름 지었다. 그러니까 온신협이 온-오프라인을 병행하는 매체들의 집단인 반면, 인신협은 온라인 전문매체들의 단체다. 우리가 인터넷에서 보는 뉴스의 대부분은 이 두 단체 소속 매체에서 생산하고 출시하는 상품들이다.

인터넷 신문은 웹상에서 여론 전달을 목적으로 발행되는 전자적 형태의 신문이다. 우리나라는 2005년 신문 등의 자유와 기능 보장에 관한 법률(신문법)을 개정하면서 인터넷 신문의 법적 지위와 권한, 의무를 세계 최초로 규정했다. 이 날을 기리는 의미에서 7월 10일을 '인터넷 신문의 날'로 정하고 2018년 제1회 기념식을 갖기도 했다. 현행 신문법에서 규정한 인터넷 신문의 정의는 이렇다.

'컴퓨터 등 정보처리능력을 가진 장치와 통신망을 이용하여 정치 경제 사회 문화 등에 관한 보도 논평 및 여론 정보 등을 전파하기 위해 간행하는 전자간행물로서 독자적 기사생산과 지속적인 발행 등 대통령령으로 정하는 기준을 충족하는 것.'

요약하면, 인터넷을 통해 뉴스를 생산하는 매체로 소정의 기준을 충족하는 것이다. 그 기준은 전체 기사의 30% 이상을 자체적으로 생산할 것과 주간단위로 새로운 기사를 게재할 것 두 가지다. 타 언론사에서 생산한 기사를 몽땅 베껴서 실어놓고 언론 운운하며 행세하려드는 인터넷 신문의 난립을 막기 위한 조치다. 그런데도 인터넷 신문으로 등록된 매체는 2016년 말 기준 6,300개를 넘어서 있다. 이들 매체가 모두 인터넷 뉴스를 활발히 생산하는 것은 아니지만 이들이 있어 인터넷 뉴스 시장이 활기를 띠는 것은 틀림없는 사실이다.

3) 왜 포털 신문인가

인터넷 뉴스 시장이 그 자체로 전통 언론사에 결정적 위협이 된다고 보기는 어렵다. 인터넷 뉴스가 처음 나오던 때, 뉴스 소비자들은 뉴스를 보기 위해 개별 언론사의 웹사이트를 방문했다. 경향신문 뉴스를 보려면 경향닷컴을, 동아일보 뉴스를 보려면 동아닷컴을 찾았다. 그렇게 방문자가 생겨나면서 언론사 닷컴은 트래픽이 생겼고, 이는 광고수익으로 이어질 수 있었다.

종이신문에 한 번 사용하고 난 뉴스를 인터넷에 한 번 더 보내는 데는 추가로 비용이 들어가지 않는다. 그런데 그로 인해 수익이 생긴다. 종이신문사에서 보기에 '인터넷, 이거 잘만 하면 짭짤하겠네?' 하는 생각이 들 정도였다. 전통 언론사들의 마인드가 거기까지였고, 이게 1990년대 말까지의 상황이다.

시장 판도가 근본적으로 바뀐 것은 2000년대 포털사이트가 부상하면서다. 다음(Daum)에 이어 네이버가 언론사들과 계약을 맺고 뉴스를 서비스하기 시작하면서 시장은 요동치기 시작했다.

포털(Portal)이란 관문이란 뜻이다. 인터넷에 들어갈 때 거쳐 지나가는 입구 같은 곳이다. 입구에 손님이 몰리게 하려면 사람들이 좋아하는 인기 상품을 비치해야 한다. 뉴스는 인간의 원초적 본능을 자극하는 상품이다. 어디서 무슨 일이 일어났는지에 대한 관심은 인간이 태어나 죽을 때까지 버릴 수 없는 본능이다. 포털로서는 다른 어떤 상품보다 뉴스를 입구에 배치하는 것이 손님을 끄는 방법이다.

언론사 입장에서 포털은 뉴스 상품을 전파하는 데 매우 효과적인 시장이다. 포털에 뉴스를 진열해 놓으면 인터넷에 접속하는 수많은 사람들의 눈길을 단박에 끌 수 있다. 자사 웹사이트에 걸렸을 때와는 전파력 면에서 비교할 수가 없다. 포털은 뉴스로 손님을 유인하고, 언론은 포털을 통해 뉴스 소비를 촉진한다.

소비자에게 포털은 원스톱 서비스와 같다. 인터넷 들어가는 길목에서 모든 언론사의 뉴스를 한 눈에, 그것도 무료로 훑어볼 수 있다는 장점이 있다.

이렇게 보면 포털사와 언론사, 소비자 모두에게 포털 뉴스는 이로운 존재다. 포털 뉴스 시장은 3자의 이해관계가 맞아떨어지면서 생겨났다.

전통 언론이 간과한 것은 뉴스 시장에도 풍선효과가 작동한다는 점이다. 풍선효과란 한 쪽을 누르면 다른 쪽이 부풀어 오르는 것을 말한다. 포털 뉴스 시장이 커지면 전통 뉴스 시장은 쪼그라들게 마련이다. 포털에서 모든 뉴스를 무료로 볼 수 있다면 구태여 신문을 구독할 필요도, 언론사 웹사이트를 찾을 필요도 없다. 소비자가 간편한 원스톱 서비스를 마다하고 언론사에 충성해야 할 이유는 없다.

순식간에 뉴스 시장은 포털 주도로 바뀌었다. 전통 언론은 온·오프라인 시장을 막론하고 단골손님을 포털에 빼앗긴 채 찬밥신세로 전락했다.

무엇보다 전통 언론에 뼈아픈 것은 브랜드 상실이다. 포털에 들어간 뉴스는 포털 것이 되고 만다. 포털에서 뉴스를 보는 사람은 해당 뉴스가 어느 매체의 것인지 따지지 않는다. 네이버나 다음에서 본 뉴스가 경향신문 뉴스인지, 한겨레 뉴스인지, 또는 조선일보에서 생산한 뉴스인지 구분하려 들지 않는다. 구분해야 할 필요조차 못 느낀다. 포털에서 보았으니 그저 포털 뉴스라고 생각한다.

요즘 20대 청년에게 "국내에서 발행되는 신문을 아는 대로 적으시오."
라는 설문을 주면 대개 3~4개 신문밖에 적지 못한다. 늘 포털에서 뉴스를
접하다 보니 개별 언론의 브랜드명 자체가 기억나지 않는 것이다.

일부 청년들은 '네이버신문' 혹은 '연합신문'이라고 실존하지 않는 이름
을 적어내기도 한다. 네이버신문이란, 네이버에서 뉴스를 보았으니 네이
버신문이 있을 것으로 짐작해 쓴 답이고, 연합신문은 포털에서 많이 본 뉴
스 브랜드인 연합뉴스를 신문으로 잘못 알고 쓴 답이다.

연합뉴스는 취재인력을 가장 많이 갖고 있는 통신사다. 통신사는 신문
사나 방송국에 뉴스를 공급하는 뉴스 도매상이다. 뉴스 속보를 신속하게
생산하지만 종이신문을 찍어내지는 않는다. 그런데도 포털에서 자주 노출
되다보니 신문으로 인식되는 것이다.

실제 포털에서 유통되는 뉴스의 절반은 통신사 상품이라는 점도 기억해
둘 필요가 있다. 한국언론진흥재단 연구보고서(오세욱, 2017)에 따르면
2016년 5월 한 달 동안 네이버 PC 버전의 뉴스페이지 상위에 배열된 기사
의 28.8%가 〈연합뉴스〉 뉴스다. 뒤를 이은 〈뉴스1〉과 〈뉴시스〉도 통신사
다. 세 언론사를 합치면 통신기사 점유율은 47.7%에 이른다. 우리가 네이
버 메인에서 보는 뉴스의 절반은 통신사에서 생산한 것이다.

포털 뉴스시장에서 통신사 뉴스가 대세를 이룬다는 것은 전통의 신문
방송사들이 시장 주도권을 포털에 빼앗겼음을 의미한다. 탄생한 지 20년
도 안 된 IT 기업에 백년 전통의 언론사들이 잡아먹힌 셈이다. 포털이 처
음 등장했을 때 전통 언론은 이런 결과를 상상도 못했다.

언론사가 포털에 뉴스를 제공하고 받는 돈을 전재료(轉載料)라 부른다.
전재(轉載)란, 한번 실었던 것을 다른 곳에 다시 싣는다는 뜻이다. 뉴스

콘텐츠 제공료라 하지 않고 전재료라고 명명한 데서 당시 언론의 인식수준을 짐작할 수 있다. 자사 매체에 한 번 사용하고 난 것을 포털이 다시 실을 수 있도록 건네주고 요금을 받는다고 생각한 것이다.

전재료가 얼마인지 구체적으로 공개된 적은 없다. 기업 비밀이라는 이유로 주는 쪽이나 받는 쪽이나 모두 입을 다문다. 하지만 적어도 초기 전재료가 터무니없는 헐값이었다는 사실은 명백하다. 한국언론진흥재단이 파악한 바에 따르면 2010년 기준 개별 신문사들이 포털에서 받는 전재료는 월 1,000만 원 수준에 불과했다. 이후 꾸준히 인상되었다고 하지만, 이미 그 때는 포털에 준 뉴스 콘텐츠가 포털은 살찌우고 언론은 위기에 빠뜨리는 부메랑이 되어 돌아온 뒤였다. 포털은 뉴스 서비스를 바탕으로 인터넷에 유통되는 모든 정보를 사실상 독점하는 거대 공룡이 되었고, 언론은 포털이 해마다 조금씩 올려주는 전재료 수입에 목을 매는 취약한 존재로 전락했다.

신문을 보다 보면 네이버의 시장 독점과 횡포를 비판하는 뉴스가 집중 보도될 때가 있다. 이때는 언론사와 네이버간의 전재료 협상이 다가왔거나, 진행되고 있을 때다. 그렇게 열을 올리던 언론들이 협상이 타결되면 슬그머니 비판의 화살을 거두어들인다.

네이버에 정면 대결을 할 수 있는 언론은 이제 국내에 없다. 뉴스를 생산·공급하는 언론사는 넘쳐날 정도로 많은 반면, 그 뉴스를 인터넷으로 제공·매개하는 포털은 네이버 아니면 다음이다. 초기엔 언론사에서 여차하면 뉴스 공급을 중단할 수 있다는 식으로 으름장을 놓기도 했지만, 지금은 네이버가 나쁜 짓 하는 언론사를 매장에서 빼겠다고 경고하고, 실제 제휴에서 배제하기도 한다. 포털 뉴스 시장은 뉴스 공급자가 뉴스 매개자에 예속되는 '기울어진 운동장'이 됐다.

4) 대세가 된 모바일 시장

　뉴스 시장의 포털 쏠림 현상은 갈수록 심화되고 있지만, 포털 내부의 시장 변화는 지금도 진행중이다. 포털에 접속해 뉴스를 소비하는 이용자들이 PC 대신 모바일을 사용하면서 모바일 뉴스 시장이 커지고 있는 것이다.

　여기서 모바일(mobile)이라고 하면 스마트폰을 의미한다. 우리나라는 세계에서 스마트폰을 가장 많이 쓰는 나라다. 2018년 미국 퓨(PEW) 리서치센터의 조사보고서에 따르면 한국의 스마트폰 보급률은 94%다. 10명 중 9명 이상이 스마트폰을 사용하는 셈이다. 한국에 이어 이스라엘(83%), 호주(82%), 스웨덴(80%), 네덜란드(80%) 등의 나라들이 나오지만 1위와는 큰 차이가 있다. 만약 스마트폰이 아니라 휴대폰으로 따지면 한국의 모바일 보급률은 120%가 훌쩍 넘는다.

　보급률은 곧 이용률과 직결된다. 집이나 사무실에 고정돼 있는 PC보다 들고 다니는 휴대폰에 손이 더 가는 것은 당연하다. 게다가 한국의 무선 인터넷 연결망은 세계 최고 수준을 자랑한다. 데이터를 올리고 내려 받는 데 끊김이나 잡음이 없다. 속도가 빠르고 품질이 깨끗하다. 스마트폰으로 포털에 접속해 뉴스를 소비하는데 불편함이 없다. 시장이 PC에서 모바일로 넘어가는 환경이 마련된 것이다.

　모바일 시장의 크기는 각종 조사에서도 확인된다. 한국언론진흥재단의 2017 언론수용자 의식조사에 따르면 모바일 뉴스 이용률은 2011년 19.5%에서 2017년 73.2%로 크게 뛰어올랐다. 반면 PC 인터넷 이용률은 같은 기간 51.5%에서 32.8%로 내려앉으며 자리가 역전됐다.

　연령대별로 나눠보면 2030세대의 모바일 인터넷 이용률은 99.2%, 그러니까 사실상 100%다. 20대 청년 대부분이 데이터 무제한 요금제에 가입해 모바일 이용을 생활화하고 있음을 떠올리면 고개가 끄덕여지는 조사

결과다. 이제 뉴스 산업은 모바일 퍼스트(mobile first)에서 모바일 센트릭(mobile centric)으로, 모바일 온리(mobile only)로 진행중이라는 말이 그래서 나온다.

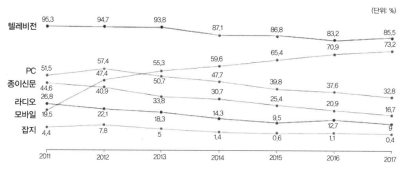

미디어별 뉴스 이용률 추이 (자료: 한국언론재단)

(단위: 이용했다 %)

| 구분 | 텔레비전 | 인터넷(모바일+PC) | | 메시징 서비스 | SNS | 라디오 | 종이신문 | 잡지 | 팟캐스트 |
		모바일	PC						
전체 (5,010)	93.2	83.4	82.3	47.8	66.2	45.4	16.7	16.7	3.5	3.1
20대 (893)	82.4	99.9	99.2	80.8	83.2	80.9	5.4	4.7	5.9	6.2
30대 (894)	91.6	99.9	99.2	71.1	82.9	66.6	19.1	11.0	3.2	5.9
40대 (1,017)	94.6	96.6	96.0	56.6	78.2	51.4	27.2	20.1	3.6	3.1
50대 (994)	97.1	86.3	85.1	31.8	66.6	28.8	21.7	22.4	3.5	1.3
60대 이상 (1,211)	97.8	45.8	43.7	12.2	30.8	12.2	10.4	22.4	2.0	0.3

*미디어 이용률은 지난 일주일간 각 미디어를 이용한 사람의 비율임

연령대별 미디어 이용률 (자료: 한국언론진흥재단)

뉴스 시장이 PC에서 모바일로 옮겨졌다고 해서 포털 집중도가 약화된 것은 아니다. PC든 모바일이든 뉴스 시장을 포털이 주도한다는 점은 변함이 없다. 근래 들어 유튜브에서 뉴스를 소비하는 경향이 부쩍 늘어나면서 유튜브 변수가 떠오르고 있지만, 적어도 지금까지 네이버에 견줄 정도는 안 된다.

모바일 뉴스 시장이 형성되던 초기, 전통 언론사들은 온라인에서 저지른 실수를 모바일에서만큼은 되풀이 하지 않겠다며 투지를 다진 적이 있다. 모바일 네이버에 뉴스콘텐츠를 주는 대신 신문사가 직접 스마트폰 앱(App)을 만들고 이곳에 뉴스를 올렸다. 거액을 들여 아이폰용, 안드로이드폰용을 모두 만들어 기세 좋게 런칭했다. 이렇게 되면 스마트폰 이용자들이 초기화면에 〈조선일보〉〈경향신문〉 같은 앱을 다운받아 깔아놓고 뉴스를 읽는 방식으로 뉴스소비 행태가 달라질 것으로 기대했다. 하지만 기대는 빗나갔다. 원스톱 서비스에 익숙해진 소비자들이 개별 언론사 앱에 일일이 찾아 들어가는 수고를 하려 들지 않았기 때문이다.

조선일보·중앙일보·동아일보 등 일부 유력 언론사들은 모바일 네이버가 처음 나왔을 때 뉴스 공급을 거부하는 실력행사에 나서기도 했다. 하지만 네이버에는 조·중·동 신문이 아니어도 비슷한 뉴스를 제공할 수 있고, 또 하겠다는 언론사들이 줄을 서 있었다.

개별 언론사의 뉴스 앱을 한데 모아놓는 종합 앱도 나왔다. 〈모두의 신문〉 같은 앱에 들어가면 거의 모든 신문의 뉴스를 무료로 이용할 수 있다. 종합뉴스 앱에 처지고, 포털에 밀리면서 개별 언론사 뉴스 앱은 마땅히 설자리가 없게 됐다. 오픈한 지 얼마 되지 않아 손님 발길이 뜸해지면서 존재감을 잃어 갔다.

게도 구럭도 다 놓치게 생긴 전통 언론사들은 어쩔 수 없이 디지털 뉴스 시장의 슈퍼 갑이 된 네이버에 타협하게 되었고, 얼마간 전재료를 올려 받는 조건으로 모바일에도 뉴스 공급을 하게 됐다. 그렇게 해서 네이버는 PC에 이어 모바일 뉴스 시장도 석권하게 됐다. '네이버 천하'를 완성한 것이다.

5) 포털의 시장 지위는

여기서 한 가지 짚고 넘어가야 할 점은 포털을 어떻게 볼 것인가? 하는 문제, 즉 포털의 정체성에 관한 문제다.

포털을 이용하는 사람들은 대체로 포털을 언론으로 인식한다. 각종 설문조사를 해 보면 50% 이상은 포털=언론으로 응답한다. '가장 영향력 있는 언론은 어디인가'를 묻는 설문에서도 네이버는 늘 상위에 올라 있다.

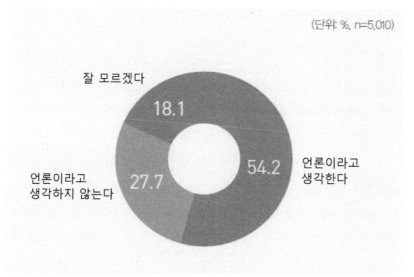

포털의 언론 지위 인식 조사 (자료: 2017 한국언론진흥재단 언론수용자 의식조사)

하지만 법적으로만 보면 포털은 언론이 아니다. 언론의 법적 개념은 언론중재법에 명시돼 있다. 이 법은 언론의 범주를 방송, 신문, 잡지 등 정기간행물과 뉴스통신, 인터넷 신문으로 규정한다. 포털은 이 중 어디에도 속하지 않는다. 얼핏 인터넷 신문으로 잘못 생각할 수 있으나, 자체 뉴스를 생산하지 않는다는 점에서 자격 미달이다.

네이버는 다른 언론에서 생산한 뉴스를 단지 매개해서 제공한다. 이런 서비스를 인터넷뉴스서비스라 하고, 네이버 같은 포털은 인터넷뉴스서비스 사업자라고 부른다.

　인터넷뉴스서비스 사업자는 뉴스 기사에 손을 댈 수 없다. 언론사 동의 없이 기사 제목과 내용을 수정할 수 없다. 언론사에서 기사를 수정해 다시 포털에 보낼 경우 포털은 새로이 전송받은 기사로 즉시 대체해야 할 의무가 있다. 이는 신문 등의 진흥에 관한 법률(신문법) 제10조 '인터넷뉴스서비스 사업자의 준수사항'에 명확하게 나와 있다. 네이버의 지위를 두고 논란이 일 때마다 네이버가 "우리는 언론이 아니다."고 주장하는 근거다.

　네이버는 왜 스스로 언론이기를 부정할까. 언론으로 분류되면 언론의 자유, 표현의 자유를 주장할 수 있는 이점이 있다. 사회 일각에서 네이버 뉴스가 불공정하다며 편집 알고리즘이 무엇인지 공개하라고 요구해도 언론 자유라는 명분을 내세우면 간단히 물리칠 수 있다.

　하지만 언론이라면 언론에 주어지는 법적·사회적 책무를 져야 하는 부담이 따른다. 언론은 신문법에 따라 민주적 여론 형성과 국민의 복리 증진, 언론의 건전한 발전과 독자의 권익 보호를 위해 이바지해야 할 의무가 있다. 보도 편집의 공정성·공익성을 준수해야 하고, 특정 언론의 여론 독점을 막기 위해 마련된 시장점유율 제한 규정을 지켜야 한다. 기존에 있는 언론사와는 비교할 수 없을 정도로 덩치가 큰 거대 공룡 기업 네이버는 시장 지배적 사업자에 가해지는 규제의 그물망을 빠져나가기 쉽지 않다. 사람들은 네이버를 가장 영향력 있는 언론이라고 인식하는 데 정작 네이버는 '아니다'고 손사래 치는 이유가 여기에 있다.

　그렇다고 논란이 종결된 것은 아니다. 언론은 아니지만 언론의 기능을 하고 있다는 법원 판결이 나와 있기 때문이다.

　네이버는 뉴스 취재인력이 없다. 뉴스 생산을 하지 않는다. 그러나 2008

년과 2009년 서울고등법원은 네이버가 취재·편집·배포의 언론매체 기능을 두루 수행하고 있다고 판결했다. 당시 법원 판단을 요약하면 이렇다.

1) 네이버는 100여개 언론사들과 제휴를 맺고 하루 평균 1만여 건의 기사를 독자들에게 전달할 뿐만 아니라 기사 하단에 댓글을 작성할 수 있는 공간까지 제공하여 단순히 기사를 제공하는 것을 넘어서서 정보교환 또는 여론형성을 유도하고 있다는 점에서 기존의 어떤 언론매체보다도 월등한 배포의 기능을 갖추고 있고,

2) 언론사들이 전송하는 기사를 분야별로 분류하여 배치하고 포괄적 표현 내지 글자 수 축소를 위해 기사 제목을 변경한다는 점에서 편집 기능을 수행하고 있으며,

3) 자체 취재 인력 없이 제휴 언론사들로부터 공급받고 있는 기사를 게시하고 있지만 이는 기존 언론사들이 통신사로부터 뉴스를 공급받아 자신이 생산한 기사와 동등하게 게재하는 것과 비슷하므로 유사 취재기능을 수행하고 있다.

이때는 포털이 언론에서 제공받은 기사의 제목을 임의로 바꿀 수 있던 시기다. 언론매체 기능을 하고 있다는 논리가 보다 명료하게 성립할 수 있는 조건이긴 하다. 하지만 이후 제목 수정이 금지된 상황 변화를 감안하고 보더라도 법원의 판단 자체가 달라질 것은 없다. 뉴스를 분야별로 분류·배치·게시하고 댓글 공간을 제공하는 등 언론의 배포 및 유사 취재 기능을 하는 것은 여전하기 때문이다.

네이버 '뉴스' 난에 들어가면 어느 뉴스는 첫머리에 노출되어 있고, 어느 뉴스는 스크롤을 한참 내려야 겨우 볼 수 있는 후미진 곳에 배치돼 있다. 같은 뉴스라도 포털 화면의 어디에 배치되었느냐에 따라 전파력은 크게 달라진다. 네이버 첫 화면은 1,700만 명에게 곧바로 노출되는 공간이지

만, 화면의 후미(後尾)는 웬만해서는 눈길 끌 수 없는 버려진 공간이다. 네이버 첫 화면 맨 위에 배치된 기사와 스크롤을 한참 내려야 겨우 보일까 말까 하는 아래쪽에 있는 기사는 시장 영향력에 있어 하늘과 땅 차이다. 뉴스생산은 하지 않는다 해도 생산된 뉴스를 시장에서 살릴 것인지 죽일 것인지 그 목숨 줄을 네이버가 틀어쥐고 있는 셈이다.

네이버는 또한 언론 보도로 인한 피해자 구제제도인 언론 중재의 대상이다. 언론 피해자가 네이버 뉴스를 상대로 정정보도와 손해배상 등을 요구하며 언론중재위원회에 제소할 수 있다. 실제 네이버는 언론중재위원회에 신청·접수된 사건에서 피신청인 자격으로 출석해 심리를 받고 있다.

종합하면, 네이버는 언론은 아니지만 언론으로 인식되고, 언론의 기능을 하고 있고, 언론사와 마찬가지로 뉴스 보도로 인한 피해자 구제의 책임이 있다. 굳이 이름 붙인다면 유사언론이라고 할 만하다.

네이버가 언론이 아니길 진정 원한다면, 뉴스 편집은 물론 뉴스 서비스 자체를 하지 않으면 된다는 논리가 여기서 나온다. "언론이 아니라면서 뉴스 서비스는 왜 하느냐"는 본질적 물음이다. 이에 대해 네이버는 플랫폼 사업자로서 각종 정보를 매개할 뿐이라며 언론 지위 압박 논란은 온당하지 않다고 반박한다.

뉴스 유통 시장

1) 인링크와 아웃링크

2018년 4월 네이버 댓글 조작사건을 계기로 포털에 대한 여론의 비난이 빗발칠 때 국내 종합일간지들이 사설에서 모처럼 한 목소리를 냈다.

> "미국 구글이나 중국 바이두처럼 기사를 클릭하면 해당 언론사 홈페이지로 연결되는 아웃링크 제도 도입을 서둘러야 한다."
> "구글 등 해외 주요 포털은 뉴스를 클릭하면 개별 언론사 홈페이지로 넘어가는 아웃링크 방식을 쓰고 있다."
> "구글 등 세계 검색시장의 90% 이상이 아웃링크 방식인 것은 댓글 순위 등의 조작 가능성이 훨씬 적기 때문이다."

일반 뉴스 소비자에게는 생경한 용어인 아웃링크를 일제히 주장하고 나섰다. 아웃링크를 부르짖는 데 있어 보수 신문이나 진보 신문이나 아무런 입장 차이가 없다. 언론계에서 이는 매우 이례적이다. 아웃링크가 무엇이기에 이렇게 합창을 외치는 걸까.

뉴스 산업에 종사하는 사람이 아니라면 아웃링크라는 낯선 용어가 무얼 의미하는지 이해하기는 쉽지 않다. 뉴스를 소비하면 그만이지 소비 시장의 배경에 있는 그 구조를 왜 알아야 하나, 하는 생각도 든다.

하지만 뉴스의 링크방식이란 인터넷 뉴스 시장의 배경을 이해하는 데 있어 핵심적 키워드다. 링크방식에 따라 시장 소비자의 손익계산이 달라진다. 링크 방식을 알고 소비하는 것은 개인의 선택이니 상관할 바 없다. 하지만 링크 방식을 모른 채 뉴스를 소비하는 것은 도깨비 시장에서 영문도 모른 채 불량 상품을 구매하는 것과 같은 꼴이 될 수도 있다.

아웃링크(outlink)란 포털에 노출된 특정 뉴스를 클릭하면 해당 뉴스를 공급한 언론사 웹페이지로 자동 접속되는 방식을 말한다. 소비자의 클릭 행위는 포털에서 이뤄지지만, 그 순간 포털 밖으로 나가 해당 뉴스가 있는 언론사 웹페이지로 넘어간다. 이렇게 되면 포털에서 시작한 트래픽(traffic)이 언론사 몫으로 넘어간다.

디지털 경제에서 트래픽은 돈이다. 트래픽이 많다는 것은 웹페이지 접속자가 많다는 뜻이고, 이는 광고수익으로 연결된다. 아웃링크는 언론사 수입 통로인 것이다.

아웃링크의 반대 개념은 인링크(in-link)다. 인링크는 포털에서 뉴스를 클릭하면 밖으로 나가지 않고 포털에서 보여주는 방식이다. 인링크 뉴스는 포털이 언론사에 일정한 대가를 지불하고 제공받은 뉴스를 자체 알고리즘에 따라 편집·배열해 포털 안에서 노출한다.

아웃링크와 인링크, 두 가지 방식이 소비자에게 어떻게 서로 다르게 나타나는지 네이버에 접속해 확인해보자. 그동안 우리가 주의를 기울이지 않아 지나친 사실들이 하나씩 눈에 들어온다.

네이버 PC 초기화면에 들어가면 눈에 잘 띄는 상단에 언론사의 제호나 로고가 수십 개 배열돼 있다. 이걸 뉴스스탠드라고 한다. 이 뉴스스탠드 중 어느 언론사를 클릭하면 해당 언론사의 미니 홈페이지 같은 화면이 나오고, 여기서 뉴스 제목을 보고 기사를 선택해 클릭하면 해당 기사가 열린다. 그런데 여기는 언론사 웹 페이지다. 클릭하는 순간 언론사로 연결되도록 되어 있다. 이게 아웃링크다. 뉴스스탠드에 나와 있는 뉴스는 모두 아웃링크 방식이다.

뉴스를 검색해서 보는 것도 아웃링크 방식이다. 뉴스 소비자들은 눈앞에 보이는 뉴스만 소비하는 게 아니라 보고 싶은 뉴스를 찾아서 본다. 검색창에 핵심 단어를 입력하면 그 단어를 포함하는 뉴스가 주르르 뜬다. 여기에 노출된 제목을 보고 원하는 뉴스를 클릭하면 해당 언론사 웹페이지로 들어가는 식이다.

네이버 PC 버전에서 인링크 뉴스는 메일, 카페, 블로그 하는 식으로 나열된 메뉴 중 '뉴스' 메뉴 안에 있다. 이곳을 누르면 '이 시각 주요 뉴스'라고 해 네이버가 주요 뉴스로 분류해 게시하는 뉴스들이 있고, 그 밑으로 경제, 정치, 사회, 생활문화, 세계, IT/과학 등 분야별 뉴스가 게시돼 있다.

같은 기사가 인링크로 열렸을 때(왼쪽)와 아웃링크로 열렸을 때(오른쪽)

여기서 어떤 뉴스를 골라 클릭해보자. 뉴스스탠드에서 클릭할 때보다 조금 빨리 기사가 열린다. 이곳은 인링크 뉴스이기 때문이다. 인링크는 해당 뉴스의 원산지인 언론사 홈페이지로 넘어가지 않고 네이버 안에서 열린다는 것을 잊지 말자.

뉴스를 잠깐 읽고 빠져 나오는 이용자라면 아웃링크와 인링크의 차이를 실감하지 못할 수도 있다. 언론사 서버가 좋아지면서 아웃링크에서도 로딩 시간은 많이 짧아졌다.

클릭했을 때 열리는 화면은 전혀 다르다. 인링크 뉴스는 네이버에서 열리는 네이버 화면이고, 아웃링크 뉴스는 개별 언론사로 넘어가 열리는 언론사 화면이다. 뉴스 생산자 입장에서 아웃링크는 내 집, 인링크는 남의 집인 셈이다.

언론사 입장에서 인링크 뉴스는 나를 찾아온 손님을 남의 집으로 보내는 것이나 다름없다. 남의 집 손님이 되었으니, 그로 인해 발생하는 명예도 수익도 내 것이 아니다.

뉴스를 보는 소비자는 뉴스를 생산한 언론사를 기억하지 않는다. 네이버에서 보았으니 네이버 뉴스로 인식할 뿐이다. 트래픽도 모두 네이버 차지다. 뉴스가 특종 내용을 담고 있어 트래픽이 폭증하더라도 언론사 트래픽에는 1도 잡히지 않는다.

뉴스에는 댓글이 주렁주렁 달린다. 그 댓글 하나하나가 광고의 기반이 되는 트래픽이다. 그런데 인링크로 서비스되는 '네이버 뉴스'의 댓글은 모두 네이버 트래픽이다. 뉴스가 논쟁적이어서 댓글 공방이 치열하면 할수록 뉴스를 생산한 언론사는 남의 집 잔치구경 하는 꼴이 된다. 재주는 곰이 부리고 과실은 네이버가 따 먹는다는 기분이 들지 않을 수 없다.

물론 검색을 통한 뉴스 소비는 PC에서나 모바일에서나 아웃링크 방식으로 이뤄진다. 모바일에서 키워드 검색을 통해 뉴스를 보면 해당 언론사 웹페이지로 넘어가게 된다. 그러나 검색 뉴스는 소비자가 검색창에 키워드를 입력하는 등의 능동적 행위가 있어야만 노출된다. 소비자 호출이 있기 전까지는 정보의 바다 밑에서 머리카락 하나 보일세라 꼭꼭 숨어있다. 만인이 다니는 시장통 입구 정면, 그것도 사람들 눈에 가장 잘 띄는 메인 화면에 걸려있는 인링크 뉴스에 비하면 시장경쟁력 측면에서 새 발의 피다.

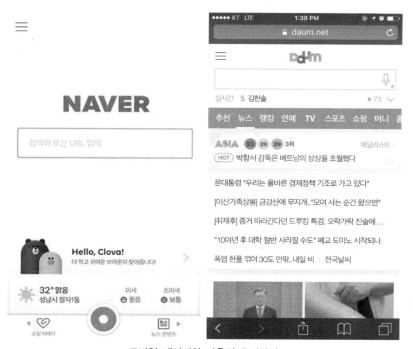

모바일 네이버와 다음의 초기화면

요즘은 PC보다 모바일 이용자가 늘어난다. 모바일 네이버는 초기화면에서 뉴스가 아예 사라지고 두 번째 화면에서 뉴스 소비자가 언론사를 선택해 보는 방식으로 2018년 하반기부터 바뀌었다. 전 국민이 보는 뉴스를 포털의 인링크 뉴스가 좌지우지한다는 비판이 한결 누그러지게 됐다. 하지만 인링크 뉴스에 익숙해진 소비자들이 얼마나 언론사를 직접 선택해 볼지는 미지수다. 화면을 한 번만 더 밀면 네이버가 추천하는 인링크 뉴스가 곧장 나오기 때문이다.

2) 아웃링크 흑역사

언론사들이 일제히 아웃링크 전환을 요구하고 나선 뒤 결과는 어떻게 되었을까?

아이러니한 것은 "아웃링크가 살 길이다."며 목청 높이던 언론사들이 "원하면 그렇게 해주겠다."고 하자 갑자기 입을 다물었다는 사실이다. 네이버에서 "아웃링크로 전환하길 정녕 원하느냐."고 묻는 설문조사를 돌리자 무응답으로 입장을 바꾼 것이다.

이율배반적인 모습이다. 겉으로는 아웃링크를 외치더니 정작 해주겠다는데 왜 꼬리를 내릴까. 포털과 언론의 제휴관계 이면에 비밀의 일단이 숨어 있다.

네이버에 뉴스를 제공하는 언론사는 현재 제휴 등급에 따라 세 가지 형태로 나뉜다. 검색 제휴와 뉴스스탠드 제휴, 그리고 뉴스콘텐츠 제휴다.

검색 제휴란, 네이버 검색창에 키워드를 입력했을 때 해당 키워드가 포함된 뉴스가 검색되도록 네이버와 해당 언론사가 계약하는 것을 말한다.

뉴스 검색 제휴는 언론사의 사활이 걸린 문제다. 네이버에 검색되는 뉴스와 검색되지 않는 뉴스는 영향력 측면에서 하늘과 땅 차이다. 아무리 쇼킹한 뉴스라도 네이버에서 검색되지 않으면 세상에 알려지기 어렵고, 아무리 지명도 떨어지는 매체라도 네이버에서 검색되면 함부로 무시할 수 없는 파워가 생긴다. 군소 인터넷 신문이 기업에 광고 달라며 압박할 때 단골로 들먹이는 무기가 네이버 검색 제휴다. "우리 기사, 네이버에 들어갑니다."라고 하면 기업은 울며 겨자먹기로 요구를 들어준다.

네이버와 뉴스 검색 제휴를 맺은 언론은 2018년 기준 485개다. 여기엔 조선, 중앙, 동아일보 같은 대형 언론사는 물론 브랜드명이 널리 알려지지 않은 매체들도 다수 포함돼 있다.

뉴스스탠드 제휴는 네이버 웹 첫 화면에 나오는 뉴스스탠드를 통해 뉴스를 제공하는 것을 말한다. 초기 화면에 각 언론사 제호를 상징하는 아이콘을 노출시키고, 이 아이콘을 선택하면 언론사 전용 뷰어가 열리는 방식이다.

전용 뷰어에는 해당 언론사에서 편집 게시한 20여개 기사가 실시간으로 노출된다. 여기서 제목을 보고 특정 뉴스를 클릭하면 해당 언론사 홈페이지로 연결된다. 뉴스스탠드를 운영하도록 네이버와 제휴 맺은 언론사는 처음 52개에서 출발했으나 2018년 9월 현재 120여 개에 달한다.

뉴스스탠드는 뉴스 소비자에게 개별 뉴스의 헤드라인을 보고 소비하는 방식에서 매체 브랜드를 보고 소비하는 방식으로 전환을 유도한다는 취지에서 도입됐다. 헤드라인 소비에서는 클릭을 유도하는 낚시성 제목이 성행하게 되지만, 브랜드 중심의 소비방식에선 브랜드 신뢰도에 신경을 써 그런 부작용이 줄어들 것으로 본 것이다.

그러나 예상은 빗나갔다. 브랜드 중심 소비가 아니라 도리어 탈 브랜드 소비가 일어났다.

뉴스스탠드를 통해 뉴스를 보려면 소비자들은 클릭을 두 번 해야 한다. 특정 매체 기사보기를 먼저 클릭하고, 전용 뷰어가 열리면 다시 특정 뉴스를 골라 클릭해야 한다. 그때 가서야 해당 언론사 웹페이지가 열리며 뉴스 전문이 노출된다.

당연히 번거롭다. 인링크 뉴스에 가면 모든 언론사 뉴스를 한 눈에 볼 수 있는데, 굳이 두 번씩 클릭해서 찾아들어갈 이유가 없다. 2013년 뉴스스탠드 시스템이 시행되자 뉴스이용자들이 인링크 뉴스로 몰리게 된 것은 어쩌면 당연한 선택이다.

네이버 뉴스스탠드 화면(왼쪽 위)과
경향신문을 눌러서 나오는 뷰어화면(왼쪽 아래).
여기서 기사를 클릭하면 아웃링크로 넘어가 기사 전문이 나온다.(오른쪽 아래)

인링크 소비가 늘면서 언론사 홈페이지 방문자 수는 뉴스캐스트 제도
때에 비해 반 이상 줄었다. 대신 네이버 방문자는 50% 가량 늘어났다. 노
출 방식 하나 바꾸었더니 기업의 흥망(興亡)이 바뀐 것이다.

여기서 뉴스캐스트 제도란 무엇일까 궁금증이 인다. 뉴스캐스트 때 방문
자가 많았다면 언론사로선 뉴스스탠드보다 뉴스캐스트를 선호하지 않을까.

네이버는 2000년 5월 검색 뉴스 서비스를 시작한 이래 여러 차례 뉴스

노출방식을 바꿔왔다. 처음엔 언론사로부터 뉴스를 일괄 제공받아 '뉴스박스'라고 이름 붙인 곳에 모아두고 자체 편집을 통해 노출시키는 방식이었다. 이때는 내부 인력이 뉴스 제목을 임의로 수정하고 기사 배열도 마음대로 했다. 뉴스박스에서 발생하는 트래픽은 몽땅 네이버 몫이었다.

언론사에서 불만이 나오자 네이버는 2006년 키워드 검색에 의한 아웃링크제를 도입한다. 메인 페이지 노출 방식은 그대로 두었지만 뉴스검색에 의한 트래픽은 언론사에 넘겨준 것이다.

포털은 그 후 인터넷뉴스서비스 사업자로 규정돼 뉴스 제목을 함부로 바꿀 수 없게 됐다. 네이버는 뉴스 편집권을 뉴스 생산자인 언론사에 돌려준다며 전면적인 아웃링크제를 시행한다. 그게 2009년 시행된 뉴스캐스트 제도다.

뉴스캐스트는 네이버 메인 홈의 뉴스박스에 개별 언론사에서 게시하는 뉴스 제목을 직접 노출하는 방식이다. 초기 화면에 뉴스 제목이 곧장 뜨는 것이다. 소비자가 이걸 보고 클릭하면 해당 언론사 페이지로 넘어간다. 네이버 메인에서 소비되는 뉴스 트래픽이 고스란히 언론사 몫이 된 것이다.

언론사 트래픽이 갑자기 늘어나기 시작했다. 언론사들은 즐거운 비명을 지르며 더 많은 트래픽 사냥에 나섰다. 네이버 메인에 노출되는 기사에 흥미로운 제목을 달면 트래픽이 폭발적이었기 때문이다.

제목은 점점 자극적이고 선정적으로 변해갔다. 뉴스캐스트 초기화면은 '충격', '경악', '멘붕', '헉', '알고보니', '그럴수가', '숨막히는', '화들짝', '인면수심' 같은 단어들로 도배가 되다시피 했다. 정치·사회적으로 의미 있는 뉴스가 초기 화면에 노출되기란 낙타가 바늘구멍으로 들어가는 것만큼이나 어려워졌다. 좋은 뉴스를 접하려는 뉴스 이용자들의 눈과 귀를 뉴스캐스트가 가리는 꼴이 됐다. 이용자 권리 침해라는 목소리가 거세게 일었다. 이게 뉴스캐스트가 4년 만에 폐지되고 뉴스스탠드가 등장하게 된 배경이다. 언론사에서 입이 열 개라도 할 말이 없는 뉴스캐스트 흑역사다.

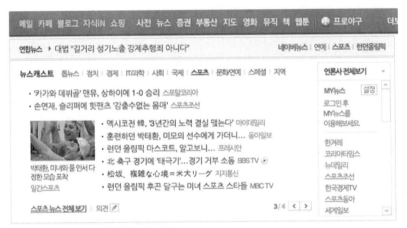

뉴스캐스트 화면의 예

	2008년 12월	2009년 1월	증가율
전체 언론사 뉴스사이트 페이지뷰	1,788,748,613건	2,962,333,076건	65.6%
뉴스캐스트 참여언론사 사이트의 페이지뷰	1,043,503,103건	2,128,534,205건	104%
뉴스캐스트 참여언론사 사이트의 네이버로부터 유입 페이지뷰	3,403,035건	795,400,706건	23,273%
뉴스캐스트 참여언론사 사이트의 페이지뷰 중 네이버로부터의 유입 비중	0.3%	37%	

뉴스캐스트 전후의 언론사 페이지뷰 비교

(자료: 뉴스유통 플랫폼과 언론사 간 상생 방안 연구보고서)

포털과 언론사의 세 번째 제휴 형태가 뉴스 콘텐츠 제휴다. 콘텐츠 제공
언론사를 CP(contents provider)라고 한다. 언론사가 뉴스를 포털에 제
공하고, 포털은 그 뉴스를 인링크로 활용하면서 언론사에 전재료를 지불

하는 방식이다.

인링크 제휴 매체는 네이버에서 '뉴스 홈 제휴'라고 한다. 네이버 초기화면에서 뉴스 메뉴로 들어간 뒤 오른쪽 상단의 〈언론사 뉴스〉를 누르면 언론사 명단을 확인할 수 있다. 종합지에서는 경향신문·동아일보·조선일보·중앙일보·한겨레·한국일보 등 10개 신문이 있고, 방송통신사로 14개, 경제지, 인터넷 신문, 포토 매거진, 전문지, 지역지까지 모두 70개 언론사 브랜드가 보인다.

국내에서 주요 언론이라고 하면 예외 없이 여기에 속해 있다. 이들은 검색 제휴와 스탠드 제휴까지 겸한다. 세 가지 방식의 제휴를 모두 포괄하는 최상위 단계여서 트래픽 증가와 영향력 확대를 동시에 꾀할 수 있다고 포털은 설명한다.

하지만 CP들의 불만은 크다. 이들이 생산하는 뉴스가 인링크로 소비되는 한, CP들의 존재감은 점점 옅어진다. 시장에서 인식되는 뉴스는 '네이버 뉴스' 아니면 '카카오 일보'라는 데 이들은 절망한다.

네이버 예속에서 벗어나려면 인링크의 사슬을 끊고 아웃링크로 가야 한다. 세계 어느 나라에도 우리나라와 같은 포털 예속은 없다. 구글에서도 아웃링크다. 아웃링크를 하면 언론 고유의 브랜드 가치를 어느 정도 회복할 수 있고, 트래픽을 늘릴 수 있으며 따라서 광고 수익의 상당한 증대를 기대할 수 있다.

대신 전재료 수입을 포기해야 한다. 인링크를 폐지하고 아웃링크로 전환하면 전재료를 달라고 할 명분이 없다. 전재료는 처음에는 터무니없는 헐값이었지만 해가 갈수록 인상되어 지금은 무시할 수 없는 수준이 되어 있다. 트래픽이냐, 전재료냐. 전재료는 당장 들어오는 현찰이고, 트래픽은 미래에 들어올 어음이다. 현찰과 어음 중 어느 하나를 선택하는 결정은 그리 쉬운 일이 아니다.

어느 쪽을 선택해도 개별 행동은 위험하다. 만약 다른 언론사가 모두 현행대로 인링크를 선택했는데 혼자 아웃링크로 간다면 위험천만이다. 거대 공룡 앞에서는 집단으로 맞서야 한다. 인링크든 아웃링크든 남들과 행동을 같이 하는 게 상책이다. 이게 언론사들의 생각이다. 언론사들이 네이버의 설문조사에 무응답이란 태도를 취하게 된 이유가 여기에 있다.

3) 소비자 선택은

인링크든 아웃링크든 소비자에게 중요한 것은 소비자 편익이다. 뉴스를 소비하는 데 어느 쪽이 더 편리한지가 소비자에겐 최고의 판단 기준이다.

일단 아웃링크 뉴스는 인링크 뉴스에 비해 느리고 불편하다. 아웃링크 뉴스를 클릭하면 해당 언론사 웹페이지로 들어가는 로딩시간이 필요하다. 인링크 같으면 순식간에 뉴스 전문이 보이지만, 아웃링크에선 가끔은 인내심을 갖고 기다려야 할 때가 있다.

화면이 열리고 뉴스 전문을 보려면 짜증이 난다. 뉴스 하나를 보여주는 페이지에 수십 개의 광고가 덕지덕지 붙어 있다. 전후좌우에 난립한 것도 모자라 뉴스 문장 중간에 시선을 가로막는 광고도 있다. 어떤 내용인지 보려면 해당 광고를 클릭해서 제거하지 않으면 안 된다.

인링크 뉴스에는 광고가 없다. 뉴스 소비자가 보고 싶어 하는 뉴스만 깔끔하게 보여준다. 모든 언론사의 뉴스가 한 곳에 모여 있으니 골라 보기도 쉽다. 여러 가지로 빠르고 편리하다. 아웃링크 대신 인링크 뉴스를 소비하는 것은 이용자 입장에서 합리적인 선택이다.

그런데 아웃링크와 인링크를 상점에 비유해보자. 물건 사는 데는 작은 구멍가게보다 대형 마트가 편리하다. 구멍가게에 가면 내가 원하는 물건이 없을 수 있지만, 대형 마트에 가면 거의 모든 물건이 보기 좋게 진열돼 있다. 실내 분위기도 쾌적하다. 소비자가 대형 마트를 찾는 것은 합리적 선택처럼 보인다.

문제는 대형 마트가 동네 상권을 다 죽일 때다. 마트에 밀려 동네 상권이 문을 닫으면 소비자는 마트 외에 다른 선택지가 없다. 이렇게 되면 마트는 갑이 되고 소비자는 을이 된다. 갑이 공급 정책을 조금만 바꾸면 을은 큰 타격을 받을 수도 있다. 갑이 물건을 마음대로 들여오거나 빼버려도, 값을 올려도 대항할 수단이 없다.

뉴스 시장의 인링크 문제도 이와 비슷할 수 있다. 당장은 인링크 방식의 소비가 편리하지만, 장기간 지속되면 부작용이 있다. 인터넷 뉴스 생태계에 왜곡이 나타난다.

생태계란 생물이 서로 영향을 주고받으며 살아가는 세계를 말한다. 뉴스 생태계라면 뉴스 생산과 유통, 소비의 세 요소가 상호 작용하는 구조다. 뉴스를 생산하는 언론사와 그 뉴스를 유통 매개하는 플랫폼, 이를 이용하는 소비자 등 3자가 건강하게 연결되어 돌아가야 발전이 있다.

뉴스캐스트 시절을 떠올리면 뉴스 소비자에게 아웃링크는 악몽과도 같다. 저급한 선정주의 저널리즘을 다시 보고 싶지는 않다. 뉴스 소비자 권익을 보호할 안전장치 없이 선뜻 아웃링크에 찬성할 수는 없다.

하지만 인링크만 남고 아웃링크가 다 죽으면, 그래서 포털이 언론을 압도하면 저널리즘 실종은 시간문제다. 민주주의는 저널리즘 기반 위에서 존재한다. 저널리즘이 죽으면 민주주의도 죽는다. 인링크와 아웃링크가 포털과 언론사에는 산업 차원의 문제지만 소비자와 시민사회에는 민주주의의 문제다.

뉴스 소비 시장

1) 포털 메인 뉴스는 어떻게 선정되나?

네이버 뉴스 메뉴에서 앞자리를 차지하는 것은 어떤 뉴스들일까. 누가 무슨 기준으로 네이버 뉴스의 비중과 노출 순서를 정하는 걸까.

인터넷 세상에선 콘텐츠보다 플랫폼이 위력을 발휘한다. 내용과 품질보다 판매 경로가 중요하다. 아무리 좋은 물건이라도 사람이 많이 다니는 시장에 진열되지 않으면 매출은 떨어진다.

뉴스 또한 마찬가지다. 네이버에 픽업되느냐 안 되느냐에 따라 운명이 달라진다. 네이버 톱뉴스가 되면 여론형성에 즉각 영향을 주지만, 스크롤을 한참 내려야 보이는 아랫단 뉴스가 되면 독자에게 전파조차 되지 못한다. 뉴스를 생산하지 않는 네이버가 여론을 좌지우지한다는 비판은 여기서 나온다.

네이버와 제휴를 맺은 매체는 2018년 기준 인링크 124곳을 포함해 580 여개다. 이들 매체에서 쏟아내는 뉴스가 하루 평균 5만 건이다. 그런데 모바일과 PC를 합쳐 네이버 첫 화면에 노출될 수 있는 뉴스는 많아야 200개 정도다. 기자가 작성한 뉴스가 네이버 메인화면에 노출될 확률은 1,000 대 1이라는 얘기다. 1,000건 중에서 1건을 골라내는 뉴스 선정 기준이 무엇이냐는 논란이 나오지 않을 수 없다.

네이버에서 노출되는 뉴스는 인공지능기반 뉴스추천시스템인 에어스

(AiRS)에 의해 자동 배열된다.

2018년 하반기까지만 해도 뉴스 소비자들 눈에 가장 많이 띄는 메인 뉴스를 사람이 선정했다. 그러니까 모바일 네이버의 첫 화면(m.naver.com)의 5개 뉴스와 PC 뉴스 홈(news.naver.com)의 '이 시각 주요뉴스' 난에 보이는 10개 뉴스를 모두 네이버 편집자가 직접 골라왔다. 2019년부터 사람에 의한 편집은 향후 전면 중단한다는 네이버 방침에 따라 100% 인공지능 선정 뉴스로 바뀌었다.

그렇다면 인공지능은 어떤 기준으로 뉴스를 추천할까. 여기서 필요한 게 알고리즘이다. 알고리즘(algorithm)이란 주어진 값을 논리적으로 처리하기 위해 필요한 절차와 방법, 명령어들을 모아놓은 컴퓨터 명령체계를 말한다.

네이버는 2014년 12월부터 뉴스검색 결과에 클러스터링(clustering) 알고리즘을 적용해왔다. 클러스터링은 뉴스들 간 유사도를 측정해 비슷한 뉴스끼리 자동으로 묶어주는 과정이다. 네이버 '뉴스' 메뉴에 보면 정치·경제·사회·문화 식으로 나눠진 카테고리 속에 해당 뉴스가 배치돼 있는데, 이게 클러스터링 알고리즘에 의한 것이다.

유사한 기사끼리 클러스터로 묶었으면 해당 클러스터 안에서 어떤 기사를 앞세우고 어느 기사를 뒤로 배열할 것인지 순서를 정하는 게 필요하다. 그게 개별 기사의 순위를 정하는 랭킹 알고리즘이다.

관심은 여기로 모인다. 랭킹 알고리즘을 알면 어떤 유형의 뉴스가 클러스터에서 상위 자리를 차지하는지 그 원리를 알 수 있다. 개별 뉴스마다 네이버에 노출될 수 있는 확률을 높일 수 있다.

하지만 네이버는 영업 비밀이라는 이유로 랭킹 알고리즘의 원칙과 기준을 밝히지 않는다. 이 때문에 뉴스 페이지에 실제 노출되는 결과를 보고

유추하거나 분석하는 수밖에 없다.

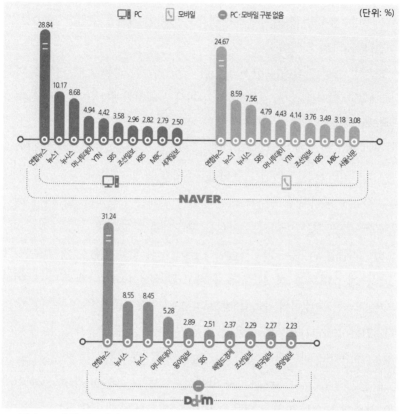

포털 뉴스 배열 언론사별 순위. 상단은 네이버, 하단은 다음 (자료: 한국언론진흥재단)

'모바일 시대의 포털 뉴스 서비스 연구'(김경희·배진아·김유정, 2015) 보고서에 따르면 랭킹 알고리즘에 반영되는 요소는 키워드 포함, 적합성, 참신성, 기사입력시간, 언론사의 신뢰도와 지명도 등으로 추정된다.

연구진이 추정한 몇 가지 원리는 이렇다. 기사 분량은 순위에 직접 영향을 주지 않는다. 대개 500자 안팎의 분량이면서 제목과 본문에 정확한 키워드가 포함돼 있으면 높은 평가를 받는다. 내용이 유사할 때는 입력시간이 빠른 기사가 상위에 노출된다. 베껴 쓴 기사보다 원본 기사를 우대하기 위함이다. 하지만 새로운 내용이 더해지면 최신 기사를 우선한다. 속보 가치를 반영하는 것이다.

하지만 이런 가설에는 한계가 있다. 알고리즘이 작동할 때 영향을 미치는 변수는 의외로 많다. 어떤 유형의 기사가 네이버에서 좋은 기사로 평가받는지 예측하는 것은 매우 어려운 일이다.

연구진이 발견한 알고리즘의 맹점도 많다. 이슈와 적합성이 떨어지는 기사가 추천 목록 상위에 노출되고, 주제별 클러스터링에서 동일한 기사 두 개가 첫 페이지에 동시에 배치된다. 인공지능이 선정한 뉴스라고 해서 무조건 믿을 것은 아니라는 사실을 분명하게 보여준다.

알고리즘을 만드는 것도 사람이다. 사람마다 갖고 있는 가치 기준이 알고리즘에 스며든다. 콩 심은 데 콩 나고 팥 심은 데 팥 나게 된다. 네이버의 알고리즘은 네이버 뉴스를 낳고, 다음의 알고리즘은 다음 뉴스를 낳는다. 언론사에서 네이버와 다음에 제공하는 뉴스는 동일하지만, 두 포털이 좋은 뉴스라고 판단해 노출하는 기사는 서로 다르다.

동일한 이슈를 다루는 페이지 안에서도 그렇다. 네이버가 A 신문 기사를 상위에 노출시킨다면, 다음은 B 방송의 기사를 대표기사로 앞세운다. 두 포털에서 모두 좋은 평점을 받고 나란히 상위에 오르는 중복사례는 열 번에 한 번 나올까 말까 한다.

두 포털의 알고리즘이 선호하는 뉴스 유형에도 차이가 있다. 김경희 등의 연구에 따르면 네이버는 종합일간지와 통신사 기사를, 다음은 방송과 인터넷 신문 등 신생매체의 기사를 더 많이 게시한다. 네이버는 스트레이트, 다음은 분석 기사를 적극적으로 선정한다. 물론 이는 상대적으로 그렇다는 뜻이다. 절대적으로만 보면 다음에도 통신사와 종합일간지 기사와 스트레이트 기사가 가장 많다.

분명한 것은 인공지능에 의한 편집이 중립성을 담보해주지는 않는다는 점이다. 포털 뉴스 소비자가 된다는 것은 포털 편집 알고리즘의 수용자가 된다는 뜻이다. 알고리즘이 선택하고 배열해주는 뉴스에 길들여지게 된다. 포털 뉴스를 무의식적으로 이용하다보면 포털 편집의 편향성에 나도 모르게 동화될 수 있다는 얘기다.

외국에선 어떻게 할까. 해외 포털 구글은 언론사로부터 뉴스를 제공받지 않는다. 세계 5만여 개 뉴스 사이트를 크롤링해 검색해준다. 크롤링(crawling)이란 컴퓨터에 분산 저장된 문서를 수집해 검색 대상 색인에 포함시키는 기술이다. 크롤링 기술이 뛰어난 구글은 네이버나 다음보다 훨씬 많은 뉴스를 수집해 검색 결과로 보여준다.

검색에는 100% 클러스터링 알고리즘을 적용한다. 이에 대해 구글은 뉴스 순위를 매기는 알고리즘 요인을 13가지로 나눠 공개한 바 있다. 이중 몇 가지를 간추려 보면,

- 언론사의 기사 생산량 : 일정기간 뉴스를 많이 생산한 언론사에 높은 점수를 준다. 대형 언론사를 높이 평가한다는 얘기다.
- 기사의 길이 : 긴 기사일수록 긍정적으로 평가한다. 문장 한 두 개의 단신기사를 속사포처럼 쏘아 보내는 인터넷 뉴스를 부정적으로 평가하는 것이다.
- 보도 범위의 중요성 : 사회적으로 화제가 되는 사건을 적시에 다양한 각도에서 취급한 뉴스를 중요시한다. 다만 어떤 기준에서 사회적 화제나 중요성을 판단하는지 모호하다.
- 속보 뉴스 출처 : 속보 뉴스가 나온 출처가 어딘지 평가한다. 화제의 기사를 한 데 모아놓고 중복성을 점검해 그 뉴스가 처음 나온 곳에 높은 점수를 준다.

- 뉴스 이용 패턴 : 구글 검색 순위 알고리즘인 페이지랭크(page rank)의 평가 항목을 말한다. 개별 기사가 다른 기사 또는 블로그에 많이 인용, 링크될수록 높은 점수를 받는다.
- 언론사에 대한 평판 : 언론 수용자 인식조사 등 다양한 여론조사 결과를 반영해 평판 점수를 매긴다.
- 발행 부수나 사이트 방문자 수 : 발행부수가 많은 신문, 방문자가 많은 사이트에 대해 높은 점수를 준다.
- 뉴스 생산 종사자 수 : 기자 및 편집실 규모가 클수록 높은 점수를 준다.
- 뉴스 지국의 수 : 언론사의 지국이 많을수록 높은 점수를 준다.
- 기사 스타일 : 철자가 틀리거나, 문법에 맞지 않는 기사 문장에 나쁜 점수를 준다.

이들 요인은 고정 불변의 것이 아니다. 구글은 현실 상황에 맞추어 수시로 업그레이드한다고 한다. 그렇더라도 규모가 큰 전통 매체가 우대받는다는 것은 분명하다. 실제 영문기사를 구글로 검색해보면, 뉴욕타임스, 워싱턴포스트, CNN, BBC 같은 크고 오래된 언론사의 기사가 상위에 노출되는 것을 볼 수 있다.

2) 뉴스 큐레이션과 뉴스 편식

큐레이션(curation)이란 다른 사람이 만든 콘텐츠를 목적에 따라 분류하고 배포하는 것을 말한다. 미술관, 박물관에서 전시 작품을 기획하고 설명해주는 사람을 큐레이터(curator)라고 부른다.

뉴스 큐레이션은 미술관 큐레이터가 좋은 작품을 고객들에게 안내하듯, 나름 읽을 가치가 있다고 판단하는 뉴스를 소비자들에게 제공한다. 네이버가 1,000건 중의 1건 꼴로 뉴스를 골라 인링크 방식으로 제공하는 게 대표적인 큐레이션이다.

큐레이션 형태는 여러 가지다. 요약된 뉴스를 제목 한 줄로, 또는 내용을 짧게 요약해 제공하거나, 연령별, 성별 또는 언론사별로 '많이 본 뉴스'를 묶어 제공한다.

소비자가 특정 언론 또는 특정 분야 뉴스를 사전에 지정하면 해당 뉴스만 모아서 제공하는 서비스도 있고, 소비자의 사전 지정이 없는데도 뉴스이용 패턴을 분석해 좋아할 만한 뉴스를 알아서 제공하는 서비스도 있다. 뉴스 소비자는 가만히 앉아서 맞춤형 뉴스를 받아보게 되었으니 좋아해야할까, 싫어해야 할까.

정보가 홍수처럼 넘쳐나는 시대, 나에게 필요하고 쓸모 있고 또 가치 있는 정보를 누군가 콕 집어서 제공해준다면 그것처럼 고마운 일이 없다. 해외여행을 계획하고 있는 청년에게 목적지 정보가 담긴 뉴스가 배달된다면 누구나 반갑게 소비할 것이다. 뉴스 큐레이션을 잘 활용하면 똑똑한 비서를 공짜로 부리는 것과 다를 바 없다.

포털에 가면 뉴스 큐레이션의 다양한 형태를 만날 수 있다.

PC에서 네이버 뉴스홈에 들어가 오른쪽 상단에 보면 작은 글씨로 팩트체크, 상식 in 뉴스, 언론사 뉴스, 라이브러리, 기사배열 이력이라고 쓴메뉴가 나온다.

팩트 체크 코너에는 특정 뉴스가 팩트인지 아닌지 측정해 사실여부를 알려주는 코너이고, 상식 in 뉴스는 시사상식을 기사 속에서 알기 쉽게 풀어주는 코너다.

요즘 젊은 층에서 흔히 사용하는 용어인 TMI(Too Much Information 쓸데없는 정보까지 시시콜콜 알려주는 것)를 안물안궁(안 물어보고 안 궁금하다는 뜻)과 비교하면서 문화적 흐름을 가볍게 터치하는 기사도 이 코너에 실려 있다.

라이브러리는 1920년부터 1999년까지 발행된 종이신문을 원형 그대로 디지털화한 뉴스 아카이빙(archiving) 서비스다. 동아일보(1920년 창간) 경향신문(1946년 창간), 매일경제(1966년 창간), 한겨레(1987년 창간) 등 4개 신문사에서 창간 이후 발행한 모든 신문 지면을 전자 형태로 보여준다. 뉴스 라이브러리가 제공하는 뷰어를 통하면 별도의 프로그램을 설치하지 않아도 신문 지면을 확대해 볼 수 있다. 물론 검색과 스크랩도 가능하다. 한국 근현대사의 주요 사건 흐름을 파악하는 데 라이브러리만큼 좋은 자료창고는 없다. 대학에서 리포트를 작성할 때 라이브러리를 활용해도 좋다.

'랭킹 뉴스'는 인간의 심리를 이용한 일종의 마케팅 공간이다. 이곳에선 뉴스를 댓글 많은 순, 공감 많은 순, SNS에 공유 많이 된 순서로 세분화해 랭킹을 매겨놓고 있다. 많이 본 뉴스 중에서도 섹션별, 남녀별, 연령별로 다시 나눈다. 가령 지금 이 순간 '20대 여성이 가장 관심 갖는 경제 뉴스'가 무엇인지 알려준다.

인지부조화 이론으로 유명한 미국의 심리학자 레온 페스팅거(Leon Fes-tinger)의 사회적 비교이론(social comparison theory)에 따르면 사람은 자신의 의견이나 능력을 타인과 비교하려는 기본적 욕구가 있다. 이때 비교 대상은 자신과 유사한 능력과 의견을 가진 집단이다. 나와 비슷한 처지에 있는 사람이 어떻게 생각하고 움직이는지 궁금해 한다.

연령별·성별로 구분된 많이 본 뉴스는 동질적 뉴스 소비자의 호기심을 자극하면서 해당 뉴스의 소비를 촉진한다. 이렇게 되면 '많이 본 뉴스'가 '더 많이 본 뉴스'로 되는 것은 시간문제다. 뉴스 하나를 가지고 이런 저런 방법으로 손님을 끌어 모으는 효과적 마케팅이 곧 큐레이션이다.

큐레이션은 그러나 소비자에게 의존성을 심화시킨다는 치명적 약점이 있다. 큐레이션 알고리즘은 소비자가 한번 관심을 보이면 유사한 부류의 콘텐츠를 집중적으로 보여준다. 그렇게 되면 소비자의 본래 의도와 상관없이 특정 분야, 특정 이념의 뉴스만 집중 소비하는 소비 편식이 일어난다.

편식(偏食)은 건강에 해롭다. 뉴스 편식은 정신 건강에 좋지 않다. 특정 이념에 치우친 뉴스를 지속적으로 소비하다보면 반대편 뉴스는 무조건 잘못되었다고 판단한다. 자신도 모르는 사이 그 이념의 노예가 된다.

인터넷 세상에서 특정 성향의 사람들이 특정 정보만을 취득하면서 생기는 현상을 에코 체임버(echo chamber)라고 한다. 직역하자면 '메아리 방'이라는 뜻이다. 개인은 자기 입맛에 맞는 콘텐츠만 소비하고, 인터넷 사이트는 그 사용자가 좋아할 만한 콘텐츠를 계속 제공함으로써 자기들만의 메아리가 울려 퍼지는 현상이다.

큐레이션 뉴스에 길들여지면 왜곡 현상이 일어난다. 소비자가 특정 성향의 정보만 소비하면 다른 정보는 유통 과정에서 아예 걸러지고 그 성향의 정보만 제공된다. 이런 필터링(filtering)이 지속되면 사용자는 필터링된 정보의 거품(버블)에 갇혀 다른 성향의 정보가 존재한다는 사실 자체를 모르게 된다. 이걸 필터버블(filter bubble)이라고 한다.

뉴스에서 필터버블이라면 보고 싶은 것만 보고, 듣고 싶은 말만 들으면서 고정관념과 편견이 깊어져 세상 보는 균형감을 잃는 현상을 말한다. 가짜 뉴스를 자주 접한 사람이 나중에는 가짜를 진짜로, 진짜를 가짜로 여기게 되는 것과 마찬가지다.

필터 버블로 인한 편견과 고정관념은 개인의 문제가 아니다. 동시대 정치·사회를 오염시키고 민주주의를 좀 먹는다. 큐레이션의 파장은 의외로 멀리 퍼진다.

3) 뉴스 소비의 파편화·개별화

전통 뉴스 시장에선 뉴스 상품이 패키지로 제공된다. 방송에선 뉴스 시간에 들어갈 뉴스를 중요한 순으로 골라 편집하고, 종이신문에선 1면 톱기사에서부터 각 지면별 단신 뉴스에 이르기까지 구성한다. 국제면, 사회면, 경제산업면, 문화면, 스포츠면, 인물동정면, 오피니언 등으로 패키지가 구성된다. 언론사마다 패키지 내용과 부피는 조금씩 달라도 그날의 뉴스를 하나의 패키지로 묶어 제공한다는 사실은 같다.

이 패키지 뉴스 중에서 소비자가 원하는 특정 부분만 떼어서 소비할 수는 있다. 그러나 패키지 자체를 분리해서 낱개로 구독할 수는 없다. 특정 신문의 정치기사가 마음에 든다고 해서 정치 기사만 따로 떼어 구독할 수는 없는 것이다.

반면 인터넷에서는 뉴스 하나하나가 그 자체로 소비된다. 모든 뉴스에는 인터넷 주소를 의미하는 URL(uniform resource locator)이 부여된다. URL이 부여된 뉴스는 독립된 객체로 원자화(atomization)되어 인터넷에 자유롭게 떠다닌다.

URL만 있으면 세계 어디에도 갈 수 있다. 정확한 URL을 넣어 호출하는 사람이 있으면 뉴스는 언제 어디든 순식간에 달려간다. 오늘은 동쪽으로, 내일은 서쪽으로 이리저리 정처 없이 쏘다니다 보면 당초 뉴스가 갖고 있던 성격은 상당 부분 변질된다. 어떤 맥락에서 생산된 뉴스인지 가늠하기 어려워진다.

특정 뉴스를 소비하려면 나름의 판단이 필요하다. 해당 뉴스가 나에게 필요하거나, 유익하거나, 또는 재미있을 것 같다는 판단이 들어야 왼쪽 버튼을 눌러 클릭하게 된다. 모바일이라면 손가락으로 터치한다.

그런데 소비자가 이걸 알아차리는 것은 결코 쉬운 일이 아니다.

우선 판단 근거가 되는 자료, 즉 뉴스의 정체를 알려주는 단서가 없다. 인터넷에서 뉴스는 탈매체적으로 소비된다. 탈매체적이란, 매체 브랜드를 고려하지 않는다는 뜻이다. 어느 매체에서 생산한 뉴스인지 알려고 하지 않는다는 것이다.

해당 뉴스의 성격을 알기도 어렵다. 다른 뉴스와 어떤 연관성이 있는지 안내해주는 정보가 없다. 선행 뉴스는 있는지, 어느 사건의 속보인지, 어느 기획 뉴스의 일부분인지 아무도 알려주지 않는다. 맥락을 잃어버린 뉴스는 거대한 뉴스 더미의 한 귀퉁이에 박혀 있는 부서진 조각과도 같다. 이른바 뉴스의 파편화 현상이다.

뉴스의 파편화는 뉴스 소비의 파편화로 이어진다. 뉴스가 스트레이트와 해설, 스케치 등 3가지 패키지로 이뤄져 있다면 세 기사를 나란히 소비하는 게 완전 소비다. 어느 한 조각만 보는 것은 불완전 소비다. 정보욕구를 채울 수 없다. 그런데 패키지 뉴스는 인터넷에서 이미 산산조각이 나 있다. 앞 뒤 가리지 않고 닥치는 대로 소비하는 수밖에 없다. 비완결적 소비가 강요되는 것이다.

뉴스 파편화가 가져오는 또 다른 현상은 제목의 비정상화다. 인터넷 시장에서 뉴스의 상품성은 제목이 좌우한다. 제목이 좋으면 살고 나쁘면 죽는다.

종이신문에서도 물론 제목은 중요하다. 본문 뉴스를 읽기 전에 제목을 보고 읽을 것인지 말 것인지 결정한다. 그런데 종이신문 제목은 그 자체로 완결성이 있다. 주제목과 부제목, 소제목을 보면 해당 뉴스의 정체를 한 눈에 알 수 있다. 본문으로 들어가기 전에 제목만으로도 주요 내용을 파악할 수 있다.

하지만 인터넷 뉴스 제목은 한 줄에 담긴다. 아무리 복잡한 내용, 중요한 사건을 전한다 해도 한 줄에 모든 것을 담아야 한다. 글자 수가 너무 길어도 안 된다.

그러다보면 종이신문에는 온전하게 달린 제목이 인터넷에선 꼬리가 잘려나가 절름발이가 되기도 한다. 예를 들어 네이버 인링크 뉴스 목록에서 이런 기사가 눈에 들어왔다고 하자.

"머리채 잡혔다" K팝 콘서트 과도한 촬영제지에 싱가포르...
(2018.7.17. 11:29)

제목을 몇 번 읽어도 무슨 내용인지 짐작이 안 된다. K팝에 관심 있는 독자는 그래도 궁금하다. 클릭을 해보면 잘려나간 제목 뒤에 '팬 폭발'이라는 말이 나온다. 싱가포르에서 열린 K팝 콘서트에서 공연 장면 촬영을 과도하게 제지당한 팬들이 반발했다는 내용임을 그때서야 알 수 있다.

뉴스에는 한 줄 제목으로 충분할 때도 있지만 부제를 통해 보충 설명을 하지 않으면 안 되는 뉴스도 있다. 그런데 인터넷 뉴스는 기본적으로 부제를 드러낼 수 없다. 클릭해서 들어가기 전에는 볼 수 없는 게 부제다. 부제목이 필요한 뉴스는 인터넷 뉴스 시장에서 경쟁력이 떨어지는 셈이다.

한 줄 제목으로 충분한 뉴스는 대개 연성뉴스다. 쉽고 가벼운 사안은 짧은 제목으로 설명이 가능하다. 연성뉴스가 인터넷 뉴스 시장에서 많이 유통되는 이유다.

4) SNS 시장 소비

소셜네트워크서비스(SNS)는 특정한 관심이나 활동을 공유하는 사람들의 관계망을 구축해주는 온라인 공간이다. 친구나 지인, 동호인들과 소식을 묻고 의견을 나누며 교류하는 만남의 장(場)이다. 다시 말해 온라인 플랫폼이다. 중장년층이 카카오톡과 밴드를 즐겨 이용한다면 20대 청년들은 페이스북과 인스타그램을 더 많이 이용한다.

SNS 플랫폼에선 여러 가지 거래가 이뤄진다. 플랫폼은 시장 상황에 따라 생태계가 형성된다. 이용자가 많아지면 주고받는 정보도 늘어난다.

어느 페이스북 이용자가 프로필을 업데이트하거나 타임라인에 글을 올리면 그 순간 친구로 등록된 이용자 전원에게 자동 알림 메시지가 발송된다. 이를 보고 손가락 터치만 하면 해당 메시지가 눈앞에 뜬다. 한 명이 제공한 정보가 여러 명에게 동시에 전파된다. 확산성이 여간 뛰어난 게 아니다.

페이스북 타임라인에 뉴스를 올리면 어떻게 될까. 누군가 "오늘 내가 본 뉴스 중에 페친(페이스북 친구)과 공유하고 싶은 뉴스가 있다."는 메시지와 함께 특정 뉴스를 타임라인에 실어 올리면 빛의 속도로 페친들에게 전파된다. 그렇게 특정 소수에 전파된 뉴스는 다시 여러 사람의 '좋아요'를 타고 여기 저기 퍼진다. 나중엔 불특정 다수에게 해당 뉴스가 전달된다.

카카오톡에서도 마찬가지다. 처음엔 특정 소수가 보고, 다음엔 누군가 퍼 나르기 하면서 불특정 다수로 퍼져나간다.

뉴스를 생산하는 언론사 눈에 SNS의 이 같은 확산력은 더 없이 매력적이다. 포털에 빼앗긴 시장 수요를 SNS라는 새로운 영역에서 만회할 수 있겠다는 기대감을 준다. 많은 전통 언론사들은 실제 이런 행동 지침을 마련한다.

"우리가 생산한 뉴스를 SNS를 통해 최대한 퍼나르자."

사실 인터넷 시대를 맞아 전통 언론사 기자들이 공통적으로 충격을 경험한 게 있다면 자신이 쓴 뉴스에 대한 독자들의 관심도다.

인터넷에서 뉴스는 URL 단위로 소비된다. 개별 뉴스에 부여된 URL은 얼마나 많은 사람이 클릭했는지 실시간으로 측정된다. 전통 언론사에서 정치·경제·사회 등 경성뉴스를 주로 다루는 기자들은 조회 건수를 보고 깜짝 놀란다.

"내 기사를 읽는 독자가 이렇게 적다는 말인가!"

기자들은 그동안 자신이 쓴 기사에 대한 피드백을 해당 기사를 취재할 때 도움 준 사람(취재원)으로부터 듣는 게 고작이었다. 그러니 "기사 잘 보았다.", "좋은 기사 써 주어서 고맙다."는 식의 인사치레만 주로 들어왔다. 인터넷 시대가 된 뒤에도 대부분의 기자들은 뉴스의 조회 수에 대해 알지 못했고, 알려 하지도 않았다.

그런 기자들이 인터넷 뉴스를 담당하는 부서에 배치되어 개별 뉴스의 조회 수를 일상적으로 접하고 나면 생각이 달라진다. 아무리 좋은 기사라도 독자가 읽지 않으면 무슨 소용이 있느냐는 쪽으로 현실 인식을 하게 된다. 이때부터 자기 뉴스의 제목 달기에 신경 쓰게 되고, 포털 외에 뉴스를 전파할 수 있는 제2, 제3의 경로를 찾아 나서게 된다. SNS를 통한 뉴스 유통 전략이 이렇게 나오게 된다.

많은 기자들은 요즘 자신이 쓴 기사 URL을 SNS에 걸어 올린다. 과거엔 쑥스러워했지만, 지금은 개의치 않는다. 이제 페이스북을 비롯한 SNS에는 언론사 차원에서 올리는 뉴스와 개별 기자들이 올리는 뉴스, 친구가 공유하자며 올리는 뉴스가 꼬리에 꼬리를 물고 떠다닌다. 포털에 비할 수준은 안 되지만 SNS를 통해 뉴스 소비를 하는 사람도 적지 않은 것으로 조사된다. SNS가 뉴스 유통 시장의 하나로 자리 잡은 셈이다.

뉴스 시장에서 SNS 파워는 우리나라보다 미국에서 더 강하다. 로이터 저널리즘연구소가 매년 수행하는 디지털 뉴스리포트 2018에 따르면 미국에서 SNS로 뉴스를 접한다는 응답 비율은 45%다. 뉴스 소비자의 둘 중

하나는 소비 경로로 SNS를 이용하고 있다는 얘기다. 이에 비해 우리나라는 25%로 이보다 떨어진다. 미국과 달리 포털 파워가 막강하기 때문이다.

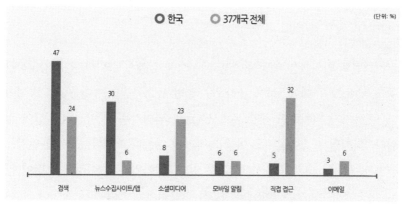

각국별 뉴스 이용 경로 (자료: 한국언론진흥재단)

미국 뉴욕타임스는 소속 기자들에게 기사 작성에 이어 기사 유통까지 지시한다. 뉴욕타임스 서울지국장인 최상훈 기자는 "기사를 쓰고 나면 뉴욕 본사에서 연락이 온다. 기사를 트위터에 올리라고 한다."고 내부 분위기를 전한다.

한 가지 기억해 둘 것은 최근 몇 년 동안 주요 뉴스 소스로 부상한 소셜미디어의 성장세가 다소 주춤거린다는 사실이다. 대표적 소셜미디어인 페이스북이 뉴스 유입을 의도적으로 줄이는 알고리즘을 2017년 시행하면서부터다. 이 때문에 미국의 뉴스 SNS 이용률은 전년에 비해 6% 포인트 떨어졌다.

반면 도널드 트럼프(Donald Trump) 미국 대통령이 트위터를 애용하면서 트위터를 통한 뉴스 이용은 크게 늘어났다. 뉴스의 SNS 시대는 아직 진행중이다.

한때 페이스북은 명실상부한 뉴스 유통 플랫폼이 되기를 꿈꾼 적이 있다. 한국의 포털처럼 언론사로부터 뉴스를 제공받아 매개하는 서비스를

2014년부터 시작한 것이다. 뉴욕타임스와 워싱턴포스트 등 유력 언론사들이 페이스북과 계약을 맺고 뉴스 제공에 나섰다. 한국에서는 SBS와 YTN, 인사이트, 디스패치 등이 가세했다. 페이스북은 이를 인스턴트 아티클(instant article)이라 불렀다.

인스턴트 아티클은 해당 뉴스를 페이스북 안에서 소비하는 방식, 즉 인링크 서비스다. 페이스북에 올라오는 일반 뉴스콘텐츠는 아웃링크 방식이다. 이용자가 터치하면 해당 뉴스사이트로 넘어가는 데 약간의 시간이 걸린다. 디지털 세계에선 3초 이상 기다리지 않는다고 한다. 그런데 인링크 뉴스는 손가락 터치와 동시에 볼 수 있다. 네이버와 같은 강력 포털이 없는 미국에서 이 같은 편리함은 SNS 이용자에게 매우 매력적이다.

하지만 페이스북의 인스턴트 아티클은 얼마 되지 않아 흔들리는 모양새다. 뉴욕타임스 등 일부 유력 언론사들이 당초 예상과 다르다며 빠져나갔기 때문이다.

페이스북은 당초 인스턴트 아티클로 발생하는 광고수익을 언론사에 돌려주겠다고 했지만, 실제 언론사에 들어온 수익은 기대에 훨씬 못 미치는 수준이었다.

언론사 입장에서 페이스북에 인링크로 뉴스를 제공하면 자사 홈페이지로 들어올 뉴스 소비자를 페이스북에 뺏기는 꼴이다. 트래픽 감소를 상쇄할 만큼 수익이 나오지 않는다면, 굳이 페이스북과 손잡아야 할 이유가 없다. 인링크 뉴스에서 나오는 광고 수익의 달콤함에 빠져들었다간 페이스북이라는 늪에 빠져 헤어 나오지 못할 것이란 내부 경고도 나왔다. 한국의 언론이 네이버라는 가두리 양식장에 빠져 허우적거리는 것을 이들은 교훈으로 삼고 있다.

NEWS

포털이란 플랫폼을 타고

오프라인에서 유료로 제공되는 뉴스가 인터넷 포털에 오면 왜 무료가 될까? 인터넷 뉴스라고 해서 무조건 무료여야 한다는 법은 없다. 언론사들도 많은 비용을 들여 생산한 뉴스를 무료로 제공하는데 마음이 편할 리 없다.

인터넷 뉴스 중 유료로 운영되는 것은 많지는 않아도 아주 없지는 않다. 파이낸셜타임스, 월스트리트저널 같은 세계 굴지의 경제전문지는 일찍부터 뉴스 유료화를 시행하고 있다. 종합지 성격인 미국의 뉴욕타임스도 하루에 몇 건 이상 뉴스를 보려면 돈을 내도록 하는 부분 유료화를 시행해 상당한 유료 독자를 확보한 것으로 전해진다. 국내에서도 내일신문이 오피니언 뉴스에 한해 유료화를 하고 있고, 주간지인 동아비즈니스리뷰는 하루 무료 뉴스 건수를 제한하는 방식으로 유료화를 시행하고 있다. 하지만 이들 모두 예외적이다.

네이버와 다음에 가면 모든 뉴스가 무료다. 세상에 무료 서비스를 싫어하는 소비자는 없다. 모든 뉴스를 공짜로 보여준다는데 사람이 모이지 않으면 그게 이상하다. 그런데 포털은 어떻게 무료 서비스가 가능한 걸까.

포털은 언론사에서 뉴스콘텐츠를 제공받을 때 일정한 대가를 지불한다. 돈 주고 사서 무료로 넘기는 셈이다. 옛말에 3대 거짓말 중의 하나가 시장 상인의 '밑지고 판다'는 말이라고 하는데, 포털은 밑지는 정도가 아니라 아예 한 푼 받지 않고 공짜로 넘기는 것이니 망하는 지름길이다.

그럼에도 네이버는 해마다 1조 원 가량의 영업이익을 남긴다. 필수 콘텐츠를 무료로 풀면서 막대한 수익을 올리는 구조, 이것이 인터넷 시장의 본질, 나아가 4차 산업혁명의 본질과 밀접하게 닿아 있다.

포털에서 무료 뉴스를 보면서 이런 의문을 한번 가져보자. 포털이 먼저인가, 뉴스가 먼저인가. 포털에 들어왔으니 온 김에 뉴스를 보는 걸까, 뉴스를 보러 포털에 들어왔다가 온 김에 다른 콘텐츠도 보는 걸까. 언제부턴가 이는 닭이 먼저냐, 달걀이 먼저냐의 문제처럼 명쾌하게 답하기 어려운 문제가 됐다. 그만큼 같이 돌아간다. 포털이라는 시장에 모이는 사람이 워낙 많아진 때문이다.

	(단위: 그렇다 %, n=3,788)
포털사이트 첫 페이지(메인화면)의 뉴스 제목이나 사진을 보고 뉴스를 클릭해 이용했다.	85.6
포털사이트 뉴스홈(네이버 뉴스, 다음 뉴스 등)에서 관심 있는 분야/주제의 뉴스를 찾아서 이용했다.	57.7
포털사이트 뉴스홈(네이버 뉴스, 다음 뉴스 등)에서 특정 언론사의 뉴스를 찾아서 이용했다.	31.6
보고 싶은 기사를 검색 창에 입력해 찾아 이용했다.	39.5
실시간 검색 순위에 오른 인물이나 사건을 찾아 이용했다.	62.3
필요한 정보를 검색하다가 관련 뉴스를 이용했다.	57.1
많이 본 뉴스나 댓글이 많이 달린 뉴스를 이용했다.	38.8
직접 언론사(종이신문/방송국/인터넷 신문사 등) 홈페이지를 찾아가서 이용했다.	9.2
이메일 뉴스레터를 통해 이용했다.	6.7
내가 미리 설정한 뉴스(MY 뉴스, 구독 뉴스 등)를 통해 이용했다.	8.3

인터넷뉴스 이용 동기 (자료: 한국언론진흥재단)

시장에 사람이 모이면 다양한 비즈니스가 생겨난다. 그 시장이 디지털 공간이라면 파생 가능한 비즈니스는 양적, 질적으로 늘어난다. 가만히 앉아서 사람과 사람, 사물과 사물을 연결시켜주는 것만으로 수익 창출이 가능하다. 그게 플랫폼 비즈니스다.

플랫폼(platform)이란 원래 기차 타고 내리는 곳을 가리키는 말이다. 이를 산업에 적용하면, 생산자와 소비자가 서로에게 꼭 맞는 상대를 만나 상품이나 서비스를 교환하는 곳이라 할 수 있다. 그렇게 상호 작용하면서 가치를 창출한다.

20대 청년들이 많이 사용하는 '배달의 민족' 앱을 떠올리면 쉽게 이해할 수 있다. 음식을 주문하는 소비자와 생산 공급하는 음식점이 '배민' 앱을 통해 연결된다. 배민은 자장면 한 그릇 생산하지 않고 단지 연결시켜주는 것만으로 수익을 창출한다.

우리가 아는 주요 IT(Information Technology 정보기술) 기업은 대부분 플랫폼 비즈니스다. 에어비앤비는 단 하나의 객실도 보유하고 있지 않지만 힐튼(Hilton)이나 메리어트(Marriott) 이상 가는 호텔 업계의 강자이고, 유튜브는 단 하나의 콘텐츠를 만들지 않으면서도 세계 최대 동영상 제공 업체로 군림하고 있다.

네이버 또한 마찬가지다. 네이버가 생산하는 뉴스는 하나도 없지만 뉴스 생산자와 뉴스 소비자를 만나게 해주는 플랫폼을 운영하면서 막대한 수익을 올린다.

플랫폼의 가치는 만남의 크기에 있다. 만나는 생산자와 소비자가 많을수록 플랫폼의 시장 가치는 뛰어 오른다. 생산자가 소비자를, 소비자가 생산자를 쉽게 만날 수 있을 때, 시장은 번성하게 되고, 이는 더 많은 생산자, 더 많은 소비자를 시장으로 끌어들이는 결과로 이어진다. 양쪽 모두 편익이 증가하기 때문이다. 이걸 네트워크 효과(network effect)라 한다. 지구촌 사람들이 즐겨 사용하는 페이스북(Facebook)과 인스타그램(Insta-gram), 아마존(Amazon)과 알리바바(Alibaba)는 네트워크 효과가 가장 우수한 플랫폼이다.

네트워크 효과에 기반한 플랫폼 비즈니스는 시장이 하나가 아니라 둘이라는 특징이 있다. 단면 시장에서는 생산과 소비가 직접 연결돼 있다. 파이프라인의 한 쪽 끝에 생산자가, 반대편 끝에 소비자가 있다. 생산자가 상품 서비스를 만들어 시장에 내놓으면 공급과 수요의 법칙에 따라 가격이 결정되고 소비자 구매가 이뤄진다.

플랫폼 비즈니스에서는 생산자와 소비자 시장이 별개로 움직인다. 생산자와 소비자가 플랫폼을 건너뛰어 직접 만날 수 없다. 두 시장은 각각의 시장 논리에 따라 별개로 작동한다. 시장 운영자는 둘 중 어디에서든 수익을 올리면 된다. 중요한 것은 양쪽을 합친 총수익이다. 어느 한 쪽에서 손실을 보더라도 다른 한 쪽에서 그 손실을 상쇄하고 남길 수 있다면 당연히 그렇게 한다. 이걸 양면시장(兩面市場 two-sided market)의 원리라고 한다.

양면시장은 디지털 시대에 갑자기 생긴 개념은 아니다. 종이신문도 양면시장의 경제가 적용되는 업종 중 하나다. 신문 하나의 상품을 가지고 한 쪽에선 독자로부터 구독료를, 다른 한 쪽에선 광고주로부터 광고료를 받는다. 이 때 구독료 수입과 광고료 수입이 균형을 이뤄야 한다는 법은 없다. 구독료에서 밑져도 광고료 수입에서 남으면 된다. 한때 성행하던 지하철 무료신문이 대표적인 사례. 구독료 수입은 아예 포기하고 광고료 수입에만 의존한 것이다.

정보기술산업과는 거리가 먼 나이트클럽에도 양면시장의 경제가 적용된다. 많은 나이트클럽은 여성 손님에게 술값을 할인해 주거나, 입장료를 면제해 준다. 그렇게 여성을 끌어들여 남성 손님을 유인한 뒤, 여성에게 준 혜택을 남성 손님에게서 충당하는 게 양면시장의 법칙이다. 양면시장의 전제조건은 한 쪽에서 거두는 수익이 다른 한 쪽에서 입은 손실보다 커야 한다는 점이다.

포털에서 우리가 뉴스를 무료로 이용할 수 있는 것은 양면시장이라는 구조 덕분이다. 포털이 뉴스 생산자에게 지급하는 콘텐츠 이용료보다 뉴스 소비자를 기반으로 벌어들이는 광고수입이 훨씬 많기 때문이다. 포털 이용에서 뉴스가 기여하는 비중이 얼마나 되는지 규명하기는 어렵지만, 포털 체류 시간 중 40% 정도가 뉴스 이용과 관련되었다는 게 신문협회가 주최한 세미나에서 숙명여대 안명호 교수가 연구 발표한 내용이다. 네이버 전체 광고수입에서 뉴스가 기여하는 몫이 그만큼 크다는 것이다.

NEWS

제3장

뉴스의 성질과 이해

NEWS

뉴스에 숨어있는 것들

1) 게이트키핑

뉴스 소비자가 우연히 기자의 취재 장면을 목격할 때가 있다. 경우에 따라서는 사건의 한 당사자가 되어 기자 취재에 직접 응대하면서 취재원 역할을 할 때도 있다. 이런 경험을 한 사람들이 뉴스 보도를 보고 난 뒤 나타내는 반응은 대개 이런 것이다. "뉴스가 이렇게 나올 줄 몰랐다."

뉴스 소비자가 취재 현장에서 보고 느낀 것과 완성된 뉴스 상품 사이에는 많은 차이가 존재한다. 뉴스의 초점이 다르고, 메시지 방향이 다르고, 그림 자체가 다를 때도 있다. 열심히 사건 파악하고 카메라 돌려 그림 찍어 가더니 관련 뉴스를 한 줄도 안 내보내는 경우도 있다.

이는 뉴스가 하나의 상품으로 완성되어 시장에 나오기까지 여러 단계 관문을 거치도록 된 언론의 게이트키핑 기능에서 비롯된다.

게이트키핑(gatekeeping)은 문 지킴이란 뜻이다. 뉴스에서 게이트키핑이라면 뉴스 생산 과정에서 어떤 뉴스는 선택되고, 어떤 뉴스는 버려짐으로써 취사선택되는 과정을 말한다.

하나의 뉴스가 신문 방송에 노출되기까지는 몇 단계의 촘촘한 그물망을 통과해야 하는데 이 그물망이 게이트키핑이다.

신문과 방송을 막론하고 언론의 게이트키핑은 언론이 언론으로서 책임과 역할을 하는 데 필수적인 기능이다. 게이트키핑이 얼마나 잘 이뤄지느냐에 따라 뉴스 상품의 퀄리티와 해당 언론사의 신뢰도가 달라진다.

SBS 뉴스 화면 캡처

2017년 5월 2일 SBS 방송은 8시 뉴스에서 익명의 해양수산부 공무원 발언을 인용해 "해수부가 세월호 선체 인양을 고의로 지연하며 차기 집권 가능성이 높은 문재인 더불어민주당 후보 쪽과 거래를 시도한 정황이 있다."는 취지의 뉴스를 보도했다. 당시는 대통령 선거를 코앞에 둔 시점이어서 이 뉴스로 정가는 발칵 뒤집혔다.

논란이 되자 SBS는 먼저 인터넷에 올린 뉴스부터 내렸다. 다음날엔 김성준 보도국장이 뉴스 시간에 나와 전날 보도가 오보임을 인정하고 공식 사과했다. 대형 사고가 터진 셈이다. 이때 김성준 국장은 오보가 나오게 된 원인에 대해 "게이트키핑이 안 되었다."고 말했다. 보도 이후 인터넷 기사를 삭제한 데 대해서도 "게이트키핑 자체 기준에 미달한 기사였기 때문"이라고 설명했다.

게이트키핑은 언론계에선 흔히 쓰이지만 일반 시청자 귀에는 낯선 전문용어다. 그런데도 SBS 보도국장은 전문용어를 방송에서 거침없이 사용했다. 그만큼 상황이 급박하고 중대했던 셈이다.

언론의 자유가 보장되어 있는 나라에서 오보는 피할 수 없다. 오보 없는 언론은 적어도 민주국가에는 없다. 수사권, 재판권이 없는 언론이 국민의 알 권리란 명분으로 취재활동을 하다 보면 크고 작은 오류는 불가피하게 발생한다. 그렇지만 언론의 사명은 진실보도에 있다. 뉴스 상품을 시장에 내놓기 전에 최대한 면밀하게 검토해 오류가 없도록 해야 할 책임과 의무가 있다. 제대로 된 언론이라면 게이트키핑을 소홀히 해서는 안 되는 것이다.

이를 뉴스 소비자 입장에서 바꿔놓고 보면, 게이트키핑의 그물망이 촘촘한 언론사 뉴스는 믿어도 되지만, 그렇지 않은 언론사의 뉴스는 사실여부를 의심해 볼 만하다는 얘기가 된다. SBS 같은 대형 언론사도 게이트키핑 그물망에 구멍이 생기지만, 세월호 오보에서 보듯 이내 바로잡는 복원력이 있다. 그러나 군소 인터넷 신문에선 게이트키핑 그물망에 구멍이 숭숭 뚫려 있거나, 그물망이 아예 없는 경우도 있다.

물론 게이트키핑의 그물망이 취재인력의 규모에 꼭 비례하는 것은 아니다. 대형 언론은 취재인력이 많지만 대신 취급하는 뉴스의 범위가 넓다. 취재 인력이 적은 군소 언론은 취급하는 뉴스의 범위가 대체로 좁다. 이렇게 되면 게이트키핑의 그물망은 대형 언론이나 군소 언론이나 차이가 없다.

문제는 적은 취재 인력으로 광범위한 분야의 뉴스를, 그것도 대량으로 생산하는 인터넷 신문의 경우다. 취재하고 기사 쓰고 제목 달고, 인터넷 전송까지 기자 한 명의 손에 맡기는 인터넷 신문이 우리나라에는 적지 않다. 이런 언론사에서 뉴스 게이트키핑이란 처음부터 관심 밖이거나 사치로 여겨진다. 어떻게든 클릭 수를 올려 광고수익을 극대화하는 데만 신경 쓴다.

인터넷 신문의 취재 현실을 다룬 영화 〈열정, 같은 소리하고 있네〉에 보면 수습으로 갓 채용된 기자들이 나누는 대화중에 이런 대사가 나온다.

"아니 무슨 회사가 5분에 7건의 기사를 쓰라는데, 이게 말이 돼?"

신문사에서 생산을 요구하는 기사 건수가 5분에 7건이라면 게이트키핑은 애초부터 언감생심이다.

게이트키핑은 뉴스 취사선택 과정에서 팩트(fact)의 오류를 잡아내는 기능도 하지만, 언론사의 편집 방향이라는 그물망으로 뉴스를 걸러내는 역할도 한다.

팩트에 흠결이 없는 뉴스라 해도 데스크나 에디터, 나아가 편집국장이 판단하기에 편집 방향과 다르다면 게이트키핑 과정에서 걸러진다. 때로는 보도 불가 판정이 내려져 쓰레기통으로 들어가기도 하고, 때로는 당초 기자가 전하고자 한 내용과 다르게 수정·변형되어 소비자 손에 들어가기도 한다.

뉴스 비중이 커지거나, 작아지기도 한다. 언론사 입사 초기 기자들은 자신이 쓴 기사가 신문에 실린 것을 보고 묘한 기분을 느낄 때가 있다. 자신은 호랑이를 그려 보냈는데, 신문에 실린 것을 보니 고양이로 수정·변형되어 있는 것이다.

게이트키핑은 언론을 개별화·차별화시켜준다. 정부 부처 기자실에 가면 기자들이 수십 명, 많게는 200명 이상 한 공간에 있다. 이들이 듣고 보고 쓰는 기사는 대체로 비슷하다. 하지만 신문에 실리는 기사는 전혀 다른 모습이다. 어느 신문은 1면 톱이고, 어느 신문은 경제면 톱이며, 또 어느 신문은 아예 한 줄도 취급하지 않는다. 이게 모두 게이트키핑 때문이다. 경향신문은 경향신문의 게이트키핑 원칙이, 조선일보는 조선일보의 게이트키핑 기준이 있다.

필립 슈메이커(Philip Shoemaker)와 리즈(Stephen D. Reese)는 게이트키핑 과정에 영향을 주는 요인을 다음과 같이 분류했다.

- 기자 개인의 가치관
- 언론사의 뉴스 제작 관행
- 뉴스 조직의 성향
- 조직의 외부요인
- 이데올로기

이중 우리가 가장 흔히 보는 게 이데올로기, 즉 언론사의 논조다. 보수신문이냐, 진보신문이냐에 따라 게이트키핑을 통과하는 뉴스와 걸러지는 뉴스는 확연히 다르다.

만약 한 사람이 여러 신문의 게이트키핑을 동시에 수행한다면 어떻게 될까. 기자들이 취재해서 쓰는 기사는 달라도 신문에 노출되는 기사는 같은 꼴이 된다.

과거 군부정권 시절이 그랬다. 이 신문이나 저 신문이나 차별성이 없었다. 언론이 권력에 통제되어 있었기 때문이다. 보이지 않는 곳에서 나름대로 게이트키핑을 하는 권력이 신문을 판박이로 만든 것이다.

영화 〈1987〉에 보면 신문사 사회부장이 박종철 고문치사 사건을 접한 뒤, 울분을 이기지 못해 후배기자들에게 이렇게 외친다.

> "경찰이 고문해서 대학생이 죽었는데 보도지침이 대수야?
> 앞뒤 재지 말고 들이박아."

이 영화 최고의 명대사 중 하나로 꼽히는 이 장면에서 보도지침으로 지칭되는 게 권력의 게이트키핑이다. 당시 제5공화국 권력은 거의 매일 언론사에 보도 가이드라인을 전달했다. 어느 사건은 '보도 가능', 어느 사건은 '절대 불가' 하는 식으로 일일이 지정했고, 어느 사건은 무엇을 부각시키고, 무엇을 제목으로 뽑을 것, 어느 사건은 단신 처리할 것과 같은 세세한 지침을 내렸다. 예를 들어 부천경찰서 성고문 사건에 대해 검찰 조사가 나온 1986년 7월 17일 보도지침은

1) 검찰이 발표한 조사결과와 내용만 보도할 것
2) 사회면에서 취급할 것(크기는 재량에 맡김)
3) 검찰 발표 전문은 꼭 실어줄 것

4) 자료 중 '사건의 성격'에서 제목을 뽑아줄 것

5) 이 사건의 명칭을 '성추행'이라 하지 말고 '성 모욕 행위'로 할 것

6) 발표 외에 독자적인 취재보도 내용 불가

7) 시중에 나도는 '반체제 측의 고소장 내용'이나
   'NCC, 여성단체 등의 사건 관계 성명'은 일체 보도하지 말 것

으로 돼 있다. 여기서 자료 중 '사건의 성격' 운운한 게 이 지침의 하이라이트다. 성 고문 사건의 성격을 검찰이 "혁명을 위해 성(性)까지 도구화"한 것으로 규정한 만큼 여기서 제목을 뽑으라는 지침이다. 당시 신문을 찾아보면 이 지침에 따라 '성을 혁명의 도구화로 사용'이라고 단 제목이 여럿 보인다. 독재 권력이 언론의 게이트키핑 기능을 유린한 것이다.

2) 아젠다 세팅(agenda-setting)

언론의 궁극적 지향점은 여론 형성이다. 어떤 사실을 밝혀 알리거나, 어떤 문제를 들추어내 칭찬 또는 비판하는 것은 그에 대한 찬반 여론을 형성하기 위함이다. 여론이 형성되고 또 어느 방향으로 움직일 때 언론은 언론 본연의 역할을 한 것으로 만족해한다.

그렇다면 실제 여론은 언론 보도에 얼마나 영향 받을까. 1968년 미국 대통령선거를 앞두고 어느 언론학자가 동부의 채플힐 지역 주민을 대상으로 연구를 진행했다. "이번 선거에서 중요한 이슈가 무엇인지, 순서대로 말해 달라"는 설문을 돌렸다. 그랬더니 주민들이 꼽은 이슈 순위가 언론에서 중요하다고 다룬 이슈 순위와 거의 완벽하게 일치했다.

미국의 커뮤니케이션 학자 맥스웰 맥콤과 도널드 쇼(Maxwell E. Mc Combs and Donald L. Shaw)는 신문의 범죄 보도에 대한 대중의 반응 패턴을 시카고, 필라델피아, 샌프란시스코 주 3개 지역 주민을 대상으로

조사했다. 그 결과 범죄뉴스를 비중 있게 보도하는 신문을 구독하는 사람들이 다른 신문 구독자에 비해 범죄에 대한 두려움 수준이 높은 것으로 나왔다.

언론이 중요하게 보도하면 사람들은 그 이슈를 중요하게 생각한다는 가설은 이렇게 해서 나왔다. 미디어가 뉴스나 시사프로그램을 통해 중요하다고 보도하는 주제(미디어 아젠다)가 공중에게도 중요한 주제(공공 아젠다)가 된다. 미디어 아젠다가 공공 아젠다를 설정한다는 아젠다 세팅(agenda-setting) 이론이다. 우리말로는 의제설정(議題設定)으로 번역된다.

일부에선 언론의 의제설정 기능을 부정하기도 한다. 언론은 의제를 설정하는 게 아니라, 이미 설정되어 있거나, 설정되어 가는 의제를 객관적으로 보도할 뿐이라는 시각이다. 예를 들어 대통령 탄핵 사건에 대한 헌법재판소 결정이나, 남북정상회담에 대한 청와대 발표와 같은 뉴스는 언론에서 최상위 비중으로 보도한다.

이들 뉴스를 의제로 만드는 주체는 언론이 아니다. 뉴스의 원천, 즉 정보를 가진 헌법재판소와 청와대가 실질적 주체다. 언론은 이들 뉴스원(source)에 종속된다.

고급 정보를 가진 쪽에서 언론의 의제설정 기능을 역으로 이용하는 일은 현실에서 종종 발생한다. 과거 정치 스캔들 사건으로 정권에 불리한 뉴스가 연일 신문 지면을 장식하면 갑자기 굵직한 간첩사건이 발표되곤 했다. 서랍 속에 넣어두었던 사건을 끄집어내 언론에 공개함으로써 국면 전환을 노리는 것이다.

불리한 사건이 터지면 더 큰 뉴스거리를 흘려 언론의 관심을 다른 곳으로 돌리는 것은 정치권력이든 자본권력이든 힘 있는 쪽에서 종종 꺼내 드는 전략 카드다. 좋은 말로 하면 언론플레이, 나쁜 말로 하면 여론 조작이다. 어느 쪽이든 언론을 활용한다는 공통점이 있다. 이런 경우 의제를 설정하는 주도권은 언론에서 뉴스원으로 넘어가 있다고 보는 게 타당하다.

하지만 초대형 이슈가 아니라면 언론의 의제설정 영향력은 상당 부분 여전히 살아있다. 대부분의 뉴스는 언론사 고유의 가치 판단에 따라 키워지거나 축소된다. 아무리 중요한 이슈라도 언론에서 외면하면 사람들에게 중요 이슈로 인식되기 어렵고, 아무리 미약한 이슈라도 언론이 중요하게 취급하면 사회적 이슈로 부각된다. 개인은 언론이 설정하는 의제를 중심으로 생각하고 행동한다.

미국의 커뮤니케이션 학자 버나드 코헨(Bernard Cohen)은 언론의 이슈 부각 영향력과 이슈에 관해 구체적 의견을 갖는 데 미치는 영향력의 차이를 이렇게 정리했다.

> "언론은 사람들에게 무엇을 생각하라고(what to think) 말하는 데엔 별 영향을 못 미칠 수 있지만, 무엇에 대해 생각하게끔(what to think about) 하는 데엔 놀라울 정도로 성공적이다."

언론의 의제설정 영향력은 현장 기자들이 막연하게 인식하는 것보다 직접적이다. 군대 성추행 사건이 언론에 주요 뉴스로 보도되었을 때, 군에 다녀온 남성 독자보다 군 미필자 또는 여성 독자들이 사안의 심각성을 더 크게 인식하더라는 연구 조사가 있다. 그런데 관련 보도가 잠잠해지면 미필자와 여성 독자는 금세 잊어버린다. 얼마 뒤 이들에게 군대 성추행에 대해 물어보니 "그런 게 왜 문제 되느냐"고 반응했다는 것이다.(손영준, 2015)

환경 관련 뉴스도 의제설정 영향력을 잘 보여주는 사례다. 미세먼지 문제가 언론에 집중 보도되면 사람들은 미세먼지를 가장 심각한 환경문제로 인식한다. 미세먼지가 갑자기 튀어나온 괴물은 아닐 텐데, 왜 그동안 언론에 나오지 않았는지 알아보려고 하지는 않는다. 언론이 의제를 설정하면 수용자는 그에 영향 받을 뿐이다.

지금은 쑥 들어갔지만 언론이 '먹는 물' 문제를 주요 이슈로 제기할 때, '먹는 물' 문제가 사회적 이슈가 되었고, '환경호르몬' 문제가 집중적으로 언론에 나왔을 땐 '환경호르몬'이 시급한 과제로 여겨졌다.

언론은 있는 사실을 객관적으로 보도할 뿐이라고 하지만, 많은 사실 중에서 어떤 사실을 주요하게 부각시키느냐에 따라 의제가 설정된다는 것은 예나 지금이나 크게 다르지 않다.

어느 시기 언론이 헌법 개정 이슈를 집중 보도하면 개헌은 우리 사회 중요한 이슈가 된다. 국회에 개헌 특위가 만들어지고, 학계에선 연구 세미나가 진행된다. 난상토론이 벌어진다. 개헌을 하지 않으면 나라가 큰 일 날 것 같은 분위기가 된다. 그러다 어느 순간 개헌이란 단어가 뉴스에서 사라지면, 여론은 급속히 가라앉는다. 전문 관계자가 아니라면 까맣게 잊어버린다. 언론의 의제에서 멀어지는 순간 대중에게는 잊혀진다.

정치권도 마찬가지다. 어느 이슈에 대해 유력 신문이 문제의식을 가지고 주요 뉴스로 보도하면 다음 날 이 신문과 이념을 같이 하는 정당에서 이를 그대로 받아 아젠다로 제기한다. 당 대변인 명의로 내는 입장문이나 성명을 자세히 살펴보면 신문에서 보도한 내용과 거의 흡사하다.

언론이 무엇을 아젠다로 삼느냐의 문제는 여론 형성과 사회 통합에 결정적 영향을 미친다. 언론이 그 시대 꼭 필요한 사회적 과제를 의제로 설정해 여론 형성에 영향을 준다면 긍정적이지만, 공동체 사이 적대감을 조성하는 혐오적인 의제를 설정해 감정적 여론을 부채질한다면 사회를 해치는 존재가 된다.

미국에서 '영원한 언론인'으로 불리는 20세기 초반의 지식인 월터 리프먼(Walter Lippmann)은 미디어를 탐조등(search-beam)에 비유한다.

탐조등은 어두운 지역에서 이리 저리 불빛을 보내 주위를 탐색한다. 불빛이 비추는 부분은 드러나고, 불빛이 비추지 않는 부분은 캄캄한 상태로 있다. 미디어가 의제로 설정하는 이슈는 개인의 의식 속에 각인되지만, 의제로 설정되지 않는 이슈는 개인의 의식 속에 자리 잡지 못한다. 탐조등이 비추지 않는 부분은 현실에 실재(實在)하지만 존재하지 않는 것이 된다.

리프먼에 따르면 뉴스는 '우리 머릿속의 세상 풍경(pictures in our head)'이고, 여론은 "언론이 구축한 유사 환경(pseudo-environment)에 대한 반응"이다.

그러니까 언론이 설정하는 사회적 의제는 언론의 주관적 판단에 의해 만들어진 또 다른 세상이다. 언론에 의해 보이는 것은 실제 존재하는 세상의 어느 한 단면에 불과하다. 일상에서 직접 경험할 수 없는 개인은 언론을 통해 본 어느 한 단면을 전체로 인식할 가능성이 크다.

뉴스 소비자 입장에서 언론의 의제설정 기능을 이해해야 할 이유가 여기에 있다. 언론에서 다루는 뉴스를 접하면서 해당 뉴스가 담고 있는 정보 전달의 가치 외에 정치·사회적 함의(含意)는 없는지, 있다면 무엇인지 꿰뚫어 보는 지혜가 요구된다.

3) 프레임(frame)

언론이 중요 뉴스로 보도하면 사람들은 그 사안을 중요하게 인식한다. 그런데 여기서 중요하다는 표현은 엄밀한 의미에서 가치중립적이다. 어떤 가치판단을 담아 어떤 방향으로 중요하게 인식하느냐 하는 것은 다른 차원의 문제다. 뉴스를 본 수용자가 "이런 일이 있구나." 하고 생각하는 것과 "이렇게 좋은(나쁜) 일이 있구나."하고 생각하는 것은 다르다. 여기서 앞의 단계를 아젠다 세팅이라고 하면, 다음 단계를 프레임(frame)이라는 말로 설명할 수 있다. 물론 어떤 아젠다를 세팅하느냐가 곧 프레임으로 연결된다는 점에서 둘은 불가분의 관계다.

미국의 진보 언어학자인 캘리포니아대 버클리 캠퍼스의 조지 레이코프(George Lakoff) 교수가 2004년에 쓴 〈코끼리는 생각하지 마〉(Don't Think of an Elephant)라는 책이 국내에서도 화제가 된 적이 있다. 이 책은 "왜 평범한 시민들이 자기 이익에 반하는 보수정당에 투표하는가?"라는 진보진영의 해묵은 의문에 프레임이란 단어로 답을 내놓는다. 미국 보수층이 정치 커뮤니케이션에서 보수적 언어와 이미지를 반복 사용하면서 세상을 보는 사람들의 정신적 구조물, 즉 프레임을 보수에 유리하도록 만들었다는 것이다.

레이코프의 관점 중 특히 재미있는 것은 사람들에게 진실을 들려주면 옳은 결론에 도달할 것이라는 진보진영의 생각이 착각이라는 지적이다. 그는 머릿속 프레임으로 납득이 안 되면 아무리 진실한 메시지라 해도 소용이 없다고 주장한다. '코끼리는 생각하지 마'라고 하면 역설적으로 사람들은 코끼리를 생각한다. 워터게이트 사건으로 임기 중 사임한 닉슨 대통령이 "나는 사기꾼이 아닙니다."라고 했을 때, 사람들은 그를 사기꾼으로 생각하기 시작했다. 사람의 마음을 움직이는 것은 진실보다 프레임이 우선이라는 게 이 책의 핵심이다.

뉴스에서 프레임이란 한마디로 어떤 이슈에 대해 특정한 측면을 강조하는 것이다. 언론에서 다루는 대부분의 사회적 이슈는 구성 요소가 복합적이다. 여러 요소가 모이고 합쳐져 하나의 이슈를 구성한다. 이중 어느 요소를 끄집어내어 부각하고, 어느 요소를 줄이고 배제하느냐에 따라 이슈의 정체는 전혀 다른 모습이 된다.

저널리즘에서 말하는 '객관적 보도'라는 개념이 본질적 한계를 갖고 있다는 논리도 여기서 성립된다. 모든 뉴스는 어떤 특별한 앵글로 보도될 수밖에 없다. 그리고 그 앵글을 결정하는 것은 사람이다. 사람의 주관적 판단을 배제한 채 사실로만 구성되는 뉴스는 이론상으로나 가능할 뿐이다. 모든 뉴스는 사실과 사실에 대한 설명이고, 그 사실을 설명하는 데 필요한 인식의 틀이 있어야 한다. 그게 앵글이고, 프레임이다. 뉴스를 다루는 모든 언론사는 의도하든 하지 않든 상관없이 고유의 프레임을 갖고 있는 셈이다.

프레임을 결정짓는 것은 현저성(顯著性, salience)이다. 현저성이란 뚜렷이 두드러지는 성질이라는 뜻이다. 사건에서 어느 정보를 주목하고 유의미하게 만들어 소비자들이 기억하게 만드는 포인트가 뉴스의 현저성이다. 누가, 언제, 어디서, 무엇을, 어떻게, 왜라는 5W1H 중 어느 하나를 현저하게 만드는 것이다.

김대중 정부에서 대규모 언론사 세무조사에 들어갔을 때 조선·중앙·동아일보에서 많이 쓴 표현이 '언론 탄압' 또는 '언론 길들이기'다. 국세청은 4개월에 걸친 세무조사 끝에 이들 신문을 포함한 23개 언론사에서 1조 3,594억 원의 탈루소득을 잡아내고 세금 5,056억 원을 추징했다. 조·중·동의 추징액은 2,541억 원, 신문사 사주는 유죄를 받았다. 하지만 조·중·동 독자들의 머릿속에는 '정권의 언론 길들이기'라는 프레임이 한동안 남아있던 게 사실이다.

문재인 정부 출범 6개월 뒤인 2017년 11월 MBC 김장겸 사장이 이사회와 주주총회에서 해임되자 조선일보는 '이 정부 방송장악은 5년 뒤 어떻게 청산되나'라는 제목의 사설을 실었다. 반면 같은 날 한겨레 사설은 '김장겸 해임, 공영방송 정상화 시동 걸었다'라는 제목이었다. MBC 사장 해임이라는 동일 사안을 놓고 조선일보는 '정권의 방송장악'으로, 한겨레는 '방송 정상화'라는 프레임으로 보도한 것이다.

朝鮮日報

2017년 11월 14일
30면 (오피니언)

이 정부 방송 장악은 5년 뒤 어떻게 청산되나

MBC 대주주인 방송문화진흥회가 13일 이사회와 주주총회를 열어 김장겸 MBC 사장을 해임했다. 야권 이사 1명은 기권하고 여권 이사 5명이 찬성했다. 지난 2일엔 고영주 방문진 이사장 불신임안도 의결했다. 방문진 이사 교체→이사장 불신임안 가결→김 사장 해임이 속전속결로 처리됐다. 방송 장악 시도는 민주당이 지난 6월 초 김 사장과 KBS 고대영 사장 사퇴를 요구하면서 시작됐다. 민주당 전문위원실은 '야당 측 이사의 부정·비리를 부각시켜 퇴출' '정치권이 나설 경우 언론 탄압이라는 역공 우려가 있으니 방송사 구성원 중심 사장 퇴진 운동 추진' 등의 내용이 담긴 문건도 만들었다. 실제 이 시나리오대로 진행됐다.

노조원들은 야권 추천 이사들의 직장과 학교까지 찾아가 시위를 벌여 사퇴를 압박했다. 법인카드 내역까지 공개하며 괴롭혔다. 결국 방문진 이사 2명이 물러나 이사 진용이 역전됐다. KBS 이사 1명도 물러났다. 백주에 벌어진 집단 폭력이다. 노동부는 부당노동행위 혐의로 MBC를 특별근로감독한 뒤 김 사장을 기소 의견으로 검찰에 송치했고, 검찰은 이와 별개로 전(前) MBC 사장이 국정원과 공모해 방송 장악에 가담했다며 구속영장까지 청구했지만 법원은 이를 기각했다. 국정원이 'KBS 사장에게 200만원을 주었다'는 직원 진술을 확보했다며 수사 의뢰하자 검찰은 이 수사에도 착수했다. 이렇게 노골적으로 폭력을 행사하고 그것을 국가 기관인 검찰이 받아 준 전례를 찾기 힘들다. 이제 KBS 이사 1명만 더 사퇴시키면 이곳 사장도 해임할 수 있다.

공영방송이 정권이 바뀔 때마다 홍역을 치르는 것은 정권이 나팔수로 이용하려 하기 때문이다. 그러다 보니 지금 공영방송 내부는 정치판과 다를 것이 없게 됐다. 지금 사태도 과거 정권에서 내쳐졌던 사람들의 복수극이라고 한다. 앞으로 장악이 완료되면 어떤 방송 굿판을 벌일지 모른다. 방만한 정치판이 된 공영방송을 국민이 왜 억대 연봉을 주며 유지해야 하나. 이 정권은 방송사 사장을 중립적인 사람으로 앉힐 수 있는 방송법 개정을 야당일 때는 주장하다 지금은 거부하고 있다.

지난 2008년 정권 교체 후 KBS 사장이 해임되자 당시 야당이던 민주당은 '헌법 무시 쿠데타'라고 했었다. 그러더니 그때보다 더한 방식으로 방송을 장악하고 있다. 적폐 청산한다면서 더 큰 적폐를 쌓는다. 5년 뒤 이 방송 장악에 대한 청산 소용돌이도 다람쥐 쳇바퀴처럼 돌아올 것이다.

(16.6×10.1cm)

한겨레

2017년 11월 14일
23면 (오피니언)

김장겸 해임, '공영방송 정상화' 시동 걸었다

김장겸 〈문화방송〉(MBC) 사장이 13일 결국 해임됐다. 사장에 오른 지 8개월여, 전국언론노조 문화방송본부가 파업에 들어간 지 71일 만이다. 노조는 15일부터 파업을 중단하기로 하고 업무 복귀 준비에 들어갔다. 9년여 만에 방송 정상화의 전기를 맞게 됐지만 그동안 해고자와 이른바 '유배지' 근무자, 노조원들이 겪은 고초를 생각하면 만시지탄이란 말조차 민망하다. 오랜 기간 정상화를 기다려온 시청자와 국민에게 공정방송으로 보답해야 할 책임도 그만큼 커졌다.

추락한 뉴스 시청률과 신뢰도가 말해주듯 문화방송이 이명박-박근혜 정권 9년 사이에 공영방송이란 말이 무색할 정도로 처참하게 망가진 건 주지의 사실이다. 대주주인 방송문화진흥회(방문진)가 김 사장을 해임한 주된 이유 역시 그가 방송의 공정성·공익성을 훼손하고 노조를 탄압하는 행태로 결국 국민 신뢰를 잃어버렸다는 것이다.

김장겸씨는 이명박 정권 말기인 2011년 2월부터 정치부장-보도국장-보도본부장을 거치며 정권에 편향적인 보도를 주도했다는 비판을 받았다. 보도국장 시절엔 보직간부들에게 노조 탈퇴를 종용하고, 카메라 기자 성향을 분석한 '문화방송판 블랙리스트'가 제작되도록 했다는 의혹을 샀다. 그는 방문진에 낸 소명서에서도 노조 파업을 현 정권이 부추겼다는 등 무책임한 주장을 늘어놓았다. 고용노동부로부터 그의 부당노동행위 사건을 넘겨받은 검찰은 더이상 부당인사로 공정방송을 탄압하는 구시대적 작태가 재발하지 않도록 엄중하게 수사하기 바란다.

문화방송의 추락은 이명박 정권 초기로 거슬러 올라간다. 국정원이 2010년 3월 작성한 '엠비시(MBC) 정상화 전략 및 추진방안' 문건은 어용 경영진을 앞세운 정권의 방송장악 시나리오가 그대로 집행됐음을 잘 보여준다. 1단계로 '좌편향' 간부들과 '편파' 프로그램을 퇴출하고 2단계로 노조를 무력화한 뒤 3단계에서 소유구조를 개편한다는 것이다.

김재철 당시 사장의 구속영장은 기각됐으나 그에게 적용된 혐의 사실은 정권의 문화방송 장악 시나리오가 2단계까지 그대로 집행됐음을 말해준다. 최승호 감독의 영화 〈공범자들〉은 김재철-안광한-김장겸으로 이어지는 문화방송 경영진들의 추한 민낯을 적나라하게 보여줬다. 이들은 공정방송을 요구하는 기자·피디(PD)·아나운서 등 조합원들을 정권의 뜻에 부응해 '근거 없이' 해고하고 드라마세트장·스케이트장을 관리하라고 내몰았다. 대부분의 해고나 부당인사가 법원에서 뒤집힌 것은 당연한 결과다.

이제는 문화방송을 공영방송답게 원래 위치로 돌려놓는 게 중요하다. "황무지에서 새로 시작하려면 굉장히 힘들 것"이란 이용마 기자의 말처럼 구성원들이 지혜를 모아야 한다. 사장 선임을 비롯한 새 체제 구축을 서두르는 것과 함께 그동안의 내부 상처를 잘 치유해 새살이 돋게 해야 한다. 무너진 국민 신뢰를 회복하는 길이기도 하다.

아직 해결 조짐이 보이지 않는 〈한국방송〉(KBS)도 고대영 사장의 자진 사퇴로 빨리 정상화의 물꼬를 터야 한다. 궁극적으론 이제 방송장악 논란에 종지부를 찍고, 공영방송의 공정성과 중립성을 담보할 수 있는 제도를 마련하는 것이 꼭 필요하다.

(14.7×17.6cm)

김장겸 MBC 사장 해임문제를 다룬 조선일보 사설(왼쪽)과 한겨레 사설

주요 이슈가 있을 때마다 언론은 각자의 프레임으로 보도한다. 보수적 가치를 추구하는 언론은 보수의 프레임으로, 진보적 가치를 추구하는 언론은 진보의 프레임으로 접근한다.

문재인 정부 출범 후 진행되는 사정(司正) 차원의 검찰 수사에 대해 한쪽에서 '정치보복'으로 보지만 다른 쪽에선 '적폐청산'으로 본다.

보수 언론은 진보 정치인이나 사회운동단체 활동을 보도할 때 종종 '종북(從北)'이라는 표현을 쓴다. '북한을 따른다.'는 뜻의 이 단어를 접하는 순간 뉴스 수용자들 머릿속에는 공포와 혐오가 생겨난다. '종북' 단체에서 하는 어떤 활동도 곱게 보일 리 없다. 이들 단체의 시위와 집회에서 공권력과 충돌이라도 생기면 뉴스에는 '불법', '폭력', '외부세력', '아수라장', '무법천지'와 같은 단어들이 등장한다.

같은 사건을 전하는 진보 언론의 뉴스에는 '경찰의 원천봉쇄', '공권력 남용', '과잉진압', '물대포', '부상자 속출'과 같은 단어들이 자주 나온다.

보수 언론이 눈앞에 나타난 현상을 중점 부각한다면, 진보 언론은 그 같은 사태에 이르게 된 원인을 따지려 든다.

노동자 파업 사건에서도 언론의 차별적 프레임은 분명하게 드러난다. 보수 언론은 지하철·철도 노동자들이 파업에 나서면 '시민을 볼모로 한 파업'이라는 관점으로 접근한다. 화물운송에 차질이 생기면 '하루에 몇 백억 원씩 경제 손실', '이대로 가면 노사 모두 공멸', '한국경제 먹구름'이라는 식의 겁주기 프레임을 씌운다.

반면 진보언론에선 노동자 입장을 이해하는 내용의 언어가 자주 쓰인다. '회사의 엄살', '사장님의 꼼수', '쥐꼬리 월급에 먹고 살 길 막막'과 같은 식의 제목이 단골로 등장한다.

2016년 5월 서울 강남역 인근 노래방 화장실에서 한 남성이 "평소 여자들에게 무시당했다."는 이유로 처음 보는 20대 여성을 잔인하게 살해하는 충격적 사건이 벌어졌다. 진보 신문은 이 사건을 우리 사회에 만연한 '여성 혐오'가 범죄로 이어진 것으로 본 반면, 보수 언론은 범인이 평소 정신질환을 앓아왔다는 점을 내세워 '개인의 일탈'로 규정했다. '여성 혐오' 범죄라는 프레임에서 보면 우리 사회에 만연한 남성중심의 가부장제가 부각되지만, '개인의 일탈' 프레임에서 보면 정신질환자에 대한 엄격한 관리문제가 대두된다. 같은 사안이라도 어느 프레임을 적용하느냐에 따라 원인과 해법이 이렇게 달라진다.

우리는 뉴스를 통해 세상을 본다. 그런데 우리 눈에 보이는 뉴스는 날것 그대로가 아니다. 수많은 사건 중에 취사선택되어 게이트키핑의 관문을 넘고, 일정 가치가 부여되는 아젠다 세팅의 과정을 거쳐, 특정 부분을 현저히 드러내는 프레임을 통해 가공된 뉴스다. 뉴스를 소비할 때마다 기억해야 할 세 가지 영어가 있다. 게이트키핑과 아젠다 세팅과 프레임이 바로 그것이다.

뉴스의 두 얼굴

1) 좋은 뉴스와 나쁜 뉴스

영화에 보면 흔히 이런 대사가 나온다.

"너에게 좋은 뉴스와 나쁜 뉴스가 있어. 어느 것을 먼저 말해줄까?"

여기서 '좋다' 또는 '나쁘다'의 기준은 영화 속 주인공이다. 주인공이 좋아할 내용이면 좋은 뉴스, 우울해 할 내용이면 나쁜 뉴스다.

저널리즘에서 좋은 뉴스와 나쁜 뉴스라고 하면 뉴스의 품질을 말한다. 특정인에게 즐거운 소식이냐, 슬픈 소식이냐 하는 것은 의미가 없다. 뉴스 자체가 양질이냐, 저질이냐가 중요하다. 그러니까 여기서 뉴스는 뉴스를 전하는 기사(記事, article)라는 말로 바꾸어 써도 무방하다.

기사의 품질이란 무엇인가. 기사에서 중요한 것은 "무엇을 어떻게 보도했는가?"이다. 무엇을 뉴스로 보았으며, 어떻게 기사화했는지를 따진다. 앞의 것은 인식의 영역이고, 뒤의 것은 실천의 영역이다.

두 영역 중 어느 것이 앞서고, 어느 것이 뒤에 있는지 우열을 가리기는 어렵다. 대체로 기자들은 '어떻게' 보다 '무엇'의 영역을 더 비중 있게 여긴다. '특종'이다, '단독'이다 하며 소비자들 앞에 자랑스레 내세우는 기사들은 한결같이 남들이 안 다루었거나 미처 보지 못한 그 무엇을 파헤친 기사다.

그렇다면 '무엇'을 뉴스화 했을 때 양질이라고 평가받을까? 여기서 다시 원론으로 돌아갈 수밖에 없다. 뉴스로 다루고자 하는 사안이 언론 본연의 역할과 기능에 얼마나 부합하는지 따져보는 것이다.

언론의 역할과 기능에 대해서는 학자들에 따라 견해가 조금씩 다르다. 대략 정리해보면 네 가지로 묶을 수 있다.

1) 정보전달 기능 – 사실을 객관적으로 신속·정확하게 전하고 있는가
2) 여론형성 기능 – 사회적 이슈에 대해 입장과 견해를 갖는 데
　　　　　　　　도움이 되는 내용인가
3) 환경감시 기능 – 정치·경제·사회 권력의 권한 남용을
　　　　　　　　감시하는 내용인가
4) 문화오락 기능 – 문화예술 취향을 향상시키는
　　　　　　　　흥미로운 읽을거리가 담겨있는가

신문에 실리는 기사는 대체로 이 기능에 부합한다. 전통 언론의 기자들이 공들여 취재하고 신중하게 쓰는 기사들은 일단 좋은 뉴스의 범주에 들어간다고 보아도 크게 틀리지 않는다.

다만 이런 기준도 결국은 수용자의 주관적 판단에 좌우된다는 점을 기억해둘 필요가 있다. 뉴스 소비자의 가치관, 세계관에 따라 평가도 달라지기 때문이다. 우리나라 사람에는 좋은 뉴스가 외국사람 눈에는 나쁜 뉴스가 될 수도 있다.

뉴스의 품질을 결정하는 보다 중요한 기준은 '무엇'이 아니라 '어떻게'다. '어떤 사안을' 다루느냐가 아니라 '어떤 사안을 어떻게 다루느냐'가 중요하다. 아무리 세상을 깜짝 놀라게 하는 특종 뉴스가 있다 해도 특종 주제를 뒷받침하는 사실적 근거를 기사 속에 제시하지 못하면 좋은 뉴스가 아니다. 오히려 나쁜 뉴스에 속한다.

좋은 뉴스가 되려면 언론 본연의 기능에 부합하는 메시지를 다루면서 기술적으로 필요한 요건을 두루 갖추어야 한다. 그게 저널리즘에서 말하

는 공정성, 정확성, 객관성, 사회반향, 흥미성, 독이성(讀易性) 등이다.

일반 뉴스 소비자들이 개별 뉴스를 놓고 좋은 뉴스다, 아니다를 판단하는 것은 말처럼 쉽지 않다. 소비자는 그저 소비하면 그만이지 뉴스의 이면을 헤아려 볼 필요까지 있느냐는 의문이 일 수 있다. 하지만 좋은 뉴스를 가려내는 눈을 갖는다는 것은 현명한 소비자가 되는 지름길이다.

좋은 뉴스를 판단할 때, 전문가 집단의 의견을 참고하는 것도 좋은 방법이다. 한국기자협회는 월별로 보도된 기사 중 가장 우수한 기사를 골라 이달의 기자상을 준다. 한 해를 결산할 때는 이달의 기자상 수상작 중에서 최고의 기사를 선정해 한국기자상을 준다. 2017년의 경우 시사주간지 시사IN에서 보도한 '안종범 업무수첩 및 박근혜 최순실 게이트 연속보도' 등 3편이 취재보도부문에서, 한겨레에서 보도한 '공공기관 부정채용 민낯' 등 2편이 기획보도부문에서 한국기자상 수상작으로 뽑혔다.

좋은 뉴스가 있으면 나쁜 뉴스도 있다. 좋은 뉴스가 언론 본연의 기능에 충실한 뉴스라면, 나쁜 뉴스는 그 반대에 해당한다. 이를 크게 분류하면,

- 사안을 확대·과장하거나 왜곡하고
- 불공정하고 편파적이며
- 건전한 양식을 저해하는 선정적·자극적 내용에
- 상업성·광고성 짙은 비윤리적 기사

정도가 되겠다.

방송기자연합회 저널리즘 특별위원회가 2013년 펴낸 〈방송보도를 통해 본 저널리즘 7가지 문제〉도 나쁜 뉴스의 유형을 잘 보여준다. 이 책자에서 위원회는 방송뉴스의 여러 문제를 25가지로 정리했다. 그중 몇 가지를 살펴보면,

- 노골적인/은밀한 특정 정파 편들기
- 노사 관계 보도에서 경제 권력 편들기
- 자기 회사에 유리한 기사 부풀리고 불리한 기사 감추기
- 상대 회사에 불리한 기사 부풀리고 유리한 기사 감추기
- 뉴스를 자사 이익 관철을 위한 수단으로 활용
- 재난 보도에서 시청률을 의식해 극적 보도에 치중
- 기사 가치와 무관하게 자사 홍보, 사주나 경영자 홍보
- 인권보다 시청률 우선: CCTV 제공 영상 지나친 활용
- 전문성 부족으로 불충분한 보도, 핵심에서 벗어난 보도
- 지지하는 정파에 유리한 방향으로 사실 왜곡

방송기자들이 자체적으로 정리한 나쁜 뉴스는 의도적인 왜곡 뉴스들이다. 방송사 차원에서 혹은 방송사 간부들이 특정 의도를 가지고 뉴스를 교묘히 비틀거나 이용하는 나쁜 뉴스가 실재하고 있다는 반증이다. 좀처럼 뉴스 소비자들이 눈치 채지 못할 뿐이다.

이보다 자주 발생하는 나쁜 뉴스는 미확인 추측 보도다. 사실관계가 확인되지 않은 상태에서 단편적 정보에 의존한 추측 뉴스는 신문방송을 막론하고 오늘도 빈발한다. 특정 취재원의 발표 자료를 무비판적으로 인용하거나, 논쟁적 사안에서 한 쪽 주장만 전달하거나, 익명의 취재원 말을 검증 없이 보도하는 기사들이 그것이다. 과도한 속보경쟁이 가져오는 폐해들이다.

2010년 10월 G20 서울정상회의를 앞두고 G20의 경제효과가 30조 원에 달한다는 한국무역협회 보고서가 나오자 많은 신문과 방송에서 비중 있게 인용·보도했다. 하지만 30조 원이 어떻게 산출되었는지, 실제 그만큼 효과가 발생했는지 비판적으로 검토하는 내용이 뒷받침되지 않는다면, 나쁜 뉴스라는 지적을 피할 길 없다.

경제신문에서 흔히 볼 수 있는 일방적인 기업인 칭송 뉴스도 나쁜 뉴스

의 범주에 넣을 만하다. 이건희 삼성전자 회장이 병으로 쓰러지기 전인 2012년 4월 한 경제신문에 난 기사를 보자.

> 이건희 삼성전자 회장은 독서광이다. 한 달에 읽는 책이 20여 권에 달한다. 책을 많이 읽는 사람은 말이 짧다. 대신 촌철살인이다.
> 이 회장 역시 그렇다. 경영 현안에 대해 허투루 답하는 법이 없다. 그래서 이 회장이 내놓는 경영화두는 단문이면서도 임팩트가 강하다. 현상에 대한 적확한 묘사를 바탕으로 한 적확한 키워드는 재계의 중요 화두가 되곤 한다. 위상을 떠나 그가 '재계의 아이콘'으로 불리는 이유이기도 하다.
> 이런 이 회장의 발언 폭이 최근 한층 넓어진 것은 주목된다. 임팩트에 유머를 가미했다. 지난 19일 여성 승진자들과의 오찬에서 그는 여성 직원들에게 "가정 일과 회사 일을 하다니 대단하다. 남자들에게 시키면 못할 것이고 나부터 도망갈 것"이라고 해 좌중의 배꼽을 잡게 했다. 이 회장이 유머를 섞는 것은 어제 오늘의 얘기는 아니다. 출근길에 기자들을 만나면 "왜 출근하셨는가"라는 질문에 "그냥 할 일이 없어서"라고 하는 등 가끔 농담도 한다.
> (이하 줄임)

이 기사의 제목은 '이건희 회장 유머에 여직원들 배꼽 잡았다, 왜?'이다. 이건희 회장의 발언이 과연 배꼽 잡을 만큼 유머러스한지 고개가 갸우뚱거려진다. 출근하는 CEO에게 출근 이유를 묻는 기자들의 질문도 상식과 거리가 있지만 "할 일이 없어서"라는 답변을 농담이라며 긍정적으로 기술하는 기사는 독자들 눈에 더욱 이상하게 비친다.

기사의 품질을 결정하는 것은 '무엇'이 아니라 '어떻게'임이 여기서도 드러난다. '이건희'라는 한국 최고의 경제인은 언제든 좋은 뉴스 대상 인물이지만, 그에게서 '무엇'을 어떻게 접근해 어떤 방식으로 기술하느냐에 따라 나쁜 뉴스를 만들어낼 수도 있다.

실제 하나의 기사가 좋은 뉴스이면서 동시에 나쁜 뉴스인 경우도 있다. 2013년 9월 6일 조선일보는 '채동욱 검찰총장 혼외 아들 숨겼다.'는 제목의 24문장짜리 기사를 1면 머리기사와 2면에 이어 실었다.

> 채동욱 검찰총장(54)이 10여 년간 한 여성과 혼외(婚外) 관계를 유지하면
> 서, 이 여성과의 사이에서 아들(11)을 얻은 사실을 숨겨온 것으로 밝혀졌다.
> 이는 청와대의 채 총장 인선 검증 과정이나 지난 4월 초 국회의 인사청문회
> 때는 전혀 거론되지 않았다. 채 총장의 아들은 지난 8월 31일 미국 뉴욕행
> 비행기를 타고 출국한 것으로 확인됐다.
> 채 총장은 청와대의 인사검증과 국회 인사청문회를 앞두고 부인(55)과의
> 사이에 1녀(16)를 두고 있다고 밝혔다. 그러나 본지 취재결과 채 총장은 대검찰
> 청 마약과장으로 근무하던 2002년 7월 Y(54)씨와의 사이에서 아들을 낳았다.
> (…)
> Y씨와 채 총장 아들은 가족관계등록부(구 호적등본)에는 모자(母子) 가정
> 으로 등재돼 있는 것으로 확인됐다. 채 총장 본인의 가족관계등록부에는
> 채 군이 등재돼 있지 않다. (이하 줄임)

현직 검찰총장에게 열 한 살 난 혼외 아들이 있다는 내용이니, 빅뉴스임
에 틀림없다. 일부에서는 검찰총장의 직무와 무관한 사생활 보도라며 깎
아내리기도 하지만 검찰총장이라면 고위직 중의 고위 공직자인 만큼 사생
활도 당연히 뉴스의 대상이 된다. 이 기사로 채동욱 총장은 취임 180일
만에 물러났고, 조선일보는 한국기자협회에서 주는 〈이달의 기자상〉을 받
았다. 좋은 뉴스임을 공인받은 셈이다.

그런데 동시에 이 기사는 보도의 원칙을 지키지 않은 나쁜 뉴스라는 지
적도 언론계 안팎에서 끊이지 않는다.

문제의 기사는 첫 문장부터 '밝혀졌다.'로 시작해 '확인됐다.', '낳았다.'
등 줄곧 단정적 표현을 사용한다. 당사자의 반론도 없다. 그런데 사실관계
를 입증하는 증거는 기사 어디에도 없다.

수사권이 없는 언론이 증거를 어떻게 제시하며, 또 제시해야 할 의무가

어디 있느냐고 반문할 수 있다. 하지만 관련 팩트가 어디에서 취재된 것인지 그 출처는 기사 속에 밝히는 게 원칙이다. "~에 따르면" 또는 "아무개 증언에 따르면~" 하는 표현이 그것이다. 그런데 조선일보 기사는 막연히 '본지 취재결과'라고만 돼 있을 뿐 사실관계의 출처가 나와 있지 않다.

대신 Y씨와 아들의 가족관계등록부, 항공권 발권기록, 교육행정정보, 아파트 입주자카드, 채 총장의 가족관계등록부 등 언론이 정상적 취재망을 통해서는 손에 넣을 수 없는 개인 정보들이 기사 속에 등장한다. 정부 차원의 협조가 있었을 것이란 추정을 가능케 하는 대목이다. 채 총장은 당시 국정원 댓글공작 사건 수사를 지휘하면서 박근혜 정권의 눈엣가시 같은 존재가 돼 있었기 때문에 '정권 차원의 채동욱 찍어내기'라는 의심이 나오지 않을 수 없었다.

언론이 정부 협조를 받아 취재한다고 해서 백안시할 것은 없다. 언론은 진실에 접근하기 위해서라면 누구의 도움도 받을 수 있다. 하지만 그 경우에도 정치적 중립성과 공정성, 투명성 원칙을 무시해서는 곤란하다. 문제의 기사가 좋은 뉴스이면서 동시에 나쁜 뉴스가 되는 까닭이다.

뉴스의 겉모습만 보고 나쁜 뉴스인지 좋은 뉴스인지 가려내는 방법은 없을까. 완전하지는 않지만 참고가 될 만한 하나의 기준은 있다. 기사의 길이를 따지는 것이다. 기사의 길이가 품질과 꼭 정비례한다고 볼 수는 없지만 상관관계는 상당히 있다. 긴 기사를 쓰려면 오랜 시간 취재하고 공을 들여야 한다. 사안을 심층적으로 접근해야 한다. 신뢰성, 정확성, 심층성, 다양성이 높아질 수밖에 없다.

미국 신문과 한국 신문의 기사 길이를 비교한 연구가 있다(박재영, 2004). 조선일보와 뉴욕타임스 지면에 실린 모든 기사를 비교·분석해보니, 조선일보 기사는 평균 906.4자, 뉴욕타임스 기사는 551.6 단어였다.

뉴욕타임스 기사의 영어를 번역해 200자 원고지로 환산하면 평균 8.2매, 조선일보(평균 4.5매) 기사보다 2배 가까이 길다. 긴 뉴스가 무조건 좋은 뉴스라고 단정할 수 없지만, 긴 뉴스 중에 나쁜 뉴스는 찾기 어렵고, 짧은 뉴스 중에 나쁜 뉴스를 찾는 것은 매우 쉽다.

인터넷에 떠도는 기묘한 낚시성 기사들은 모두 짧은 뉴스다. 남의 뉴스를 베껴서 반복 전송하면서 인터넷 뉴스 생태계를 어지럽히는 어뷰징에 대해서는 별도의 장에서 자세히 설명하기로 한다.

2) 같은 사안, 다른 뉴스

언론은 뉴스를 생산할 때 각자 나름의 게이트키핑과 의제설정 과정을 거쳐 고유한 프레임으로 보도한다. A 언론사의 데스크 관문을 통과한 뉴스가 B 언론사에서는 탈락하고, B 언론사에서 의제로 설정한 뉴스가 C 언론사에서는 무시된다. 다 같이 관문을 통과하고 의제로 설정되었다 해도 뉴스에서 강조되는 포인트는 A, B, C 언론사가 서로 다르다. 이게 뉴스의 다양성이다. 언론사마다 뉴스가 다른 것은 당연하다. 뉴스의 세계에선 정답이 하나만 있지 않다. 다양한 복수 정답이 인정된다.

문제는 뉴스 소비자 눈에 복수 정답이 들어오지 않는다는 점이다. A 뉴스 소비자는 세상이 온통 A에서 그려주는 색깔로 비치고, B 뉴스 소비자는 B에서 제공하는 논리 잣대로 세상을 판단하게 된다. A와 B 사이에 다른 세상, 다른 논리가 존재한다는 사실을 깨닫지 못하거나, 외면하게 된다.

종이신문에서만 그런 게 아니다. 인터넷 뉴스 시장에서 소비자들은 뉴스 브랜드를 보지 않고 눈에 띄는 순서대로 뉴스를 소비한다. 우연적 요소에 의해 상품을 선택하는 우연적 소비다. 그래서 어떤 뉴스든지 하나만 보고 나면 같은 주제의 다른 뉴스는 볼 필요가 없다고 생각한다. 다른 브랜드의 뉴스는 같은 사안을 어떻게 다루었을지 궁금해 하지 않는다.

이렇게 되면 소비자들은 개별 뉴스마다 해당 뉴스에 투영된 프레임으로 세상을 보게 된다. 사드 배치 논란을 우연히 〈조선일보〉 기사로 읽은 사람은 사드 문제를 조선일보 프레임으로 바라보게 되고, 최저임금 논란을 우연히 〈한겨레〉 기사로 읽은 사람은 최저임금 문제를 한겨레 프레임으로 보게 된다. 여론에 영향을 미치는 뉴스의 효과가 낱개로 쪼개지는 셈이다.

실제 언론사별로 뉴스는 얼마나 다를까. 인터넷 뉴스를 닥치는 대로 소비하다 보면 언론사별 차이를 실감하기 어렵다. 하지만 주의를 기울이면 같은 사안을 다르게 취급한 뉴스를 거의 매일 발견할 수 있다.

동일한 사건을 언론사마다 다르게 보도하는 것은 시위 집회에 대한 뉴스에서 극명하게 나타난다. 언론의 이념적 성향에 따라 일부 사실을 확대하거나 축소·왜곡한다.

사례 1)

2018년 3월 1일 서울 도심에서 다양한 종류의 3.1절 집회가 열렸다. 다음날 한 신문은 "서울 광화문 광장과 세종대로가 태극기를 든 시위대로 가득 찼다."는 설명과 함께 사진 뉴스를 게재했다. 거리를 꽉 메운 인파의 질서 있는 모습이 부각되는 사진으로 보는 사람으로 하여금 시위대에 긍정적 인상을 주게 만든다.

다른 신문은 전혀 다른 장면을 보도한다. 보수단체 회원들이 광화문 조형물을 끌어내려 파손하는 모습의 사진을 싣고 '친박집회, 광화문 촛불 조형물 파손 방화'라고 고발성 제목을 붙인다. 또 다른 한 신문은 보수단체의 시위를 포함하되 이념적 성격이 없는 일제 강제징용희생자 유해 추모제를 더 비중 있게 뉴스화한다. 서울 도심에서 벌어진 행사를 기자들이 모를 리 없다. 흰 것과 검은 것을 동시에 보았으면서 어느 신문은 희다고 보도하고, 어느 신문은 검다고 보도하는 것이다.

사례 2)

2018년 4월 5일 한국GM 인천 부평공장에서 노조원들이 사장실을 항의 방문해 잠깐 동안 무단 점거하고 일부 집기를 부수는 사건이 있었다.

다음날 조선일보는 이 사건을 1면 톱뉴스로 보도한다. 그 날 신문에서 가장 중요한 뉴스라고 판단한 것이다.

1면 톱기사의 제목은 '성과급 못 받은 GM 노조, 사장실 점거'로 돼 있다. 제목 아래 노조원들이 사장실에서 의자를 던져 부수는 장면의 사진이 실려 있다.

> 5일 오전 10시 10분, 한국GM 인천 부평공장 본관 사장실. 머리에 "단결투쟁"이라고 적힌 빨간색 띠를 두른 50여명의 노조원이 몰려들었다. 이들은 사장실에 있던 카허 카젬 한국GM사장에게 "성과급을 주지 않는 것은 말이 안 된다."며 항의하며 나갔다. 노조원들은 이후 사장실 앞에서 5분 동안 구호를 외치더니, 10시 20분 다시 사장실로 들어갔다. 이들은 "물러나라. 새로운 사장이 올 때까지 우리가 여기를 지키겠다."고 말하고, 책상과 의자 등 집기를 밖으로 빼기 시작했다. 일부는 쇠파이프를 들었고 사장실에 있는 의자와 화분을 부쉈다. (이하 줄임)

朝鮮日報
2018년 04월 06일
01면 (종합)

성과급 못 받은 GM노조, 사장실 점거

사장실 책상 빼내고 의자 부수는 한국GM 노조 5일 오전 10시 20분쯤 한국GM 노조원들이 인천 부평구 한국GM 본관에 있는 사장실에 들어와 의자를 던지는 모습이 사무실 내 CCTV에 촬영됐다. 당시 이들은 카젬 카젬 한국GM 사장이 "자금난으로 성과급을 제때 지급하기 어렵다"고 밝혔다. 오전 10시쯤 사장실에 찾아와 카젬 사장에게 항의한 뒤 나갔다가 곧 다시 돌아와 사장실을 점거했다.

5일 오전 10시 10분 한국GM 인천 부평 공장 본관 사장실. 머리에 '단결투쟁' 이라고 적힌 빨간색 띠를 두른 50여 명의 노조원이 몰려왔다. 이들은 사장실에 있던 카젬 카젬 한국GM 사장에게 "성과급을 주지 않는 것은 말이 안 된다"며 항의한 뒤 나갔다. 노조원들은 이후 사장실 앞에서 5분 동안 구호를 외치더니, 10시 20분 다시 사장실로 들어갔다. 이들은 "돌려니라. 새로운 사장이 올 때까지 우리가 여기를 지키겠다"고 말하고, 책상과 의자를 집기를 밖으로 빼기 시작했다. 일부는 쇠파이프를 들었고, 사장실에 있는 의자와 화분을 부쉈다. 카젬 사장은 틈을 피했다. 노조는 "앞으로 사장실을 노조 활동 기지로 쓰겠다"고 했다.

"이젠 사장실이 노조 활동기지"… 일부는 쇠파이프 들고 의자 부숴
사측 "자금난 탓… 폭력행위 강경 대처" 한국GM 사태 파국 우려

노조원들은 오후에는 전종명 한국GM 부사장 사무실에 찾아가 약 30분간 "노조(원)이 고통 분담을 해야 한다"는 이야기를 자주 한 것에 대해 사과하라"며 압박했다. 6일 자정 현재 노조원 20여명은 사장실과 비서실을 점거한 상태다.

사건의 시작은 이날 오전 10시 카젬 사장이 직원들에게 "자금난으로 6일로 예정됐던 작년분 일부 성과급을 지급할 수 없다"며 보낸 이메일이다. 카젬 사장은 이메일에서 "4월 급여를 확보하기 위해 각고의 노력을 기울이고 있다"고 덧붙였다.

한국GM은 6일 직원들에게 작년도 성과급 중 절반인 1인당 약 450만원(총 720억원)을 지급하려 했으나 돈을 마련하지 못했다.

사측은 경영 정상화를 위해 복지 혜택 축소 등 비용 절감을 추진 중이지만, 노조는 반대하고 있다. GM 본사는 노사 간 비용 절감을 위한 임단협이 체결돼야만 긴급 자금을 수혈하겠다는 입장이다.

한국GM 사측은 "노조의 폭력 행위에 대해 검찰과 경찰에 신고했으며 강경히 대처하겠다"고 밝혔다. 카젬 카젬 사장은 입장분을 내고 "오늘 사태는 직원의

신체적 안전을 위협했고 회사의 자산을 파손하는 결과를 가치로 것"이라며 "남득할 수 없는 행위이고, 법적인 절차와 단합한 징계 방법을 찾아 이행할 것"이라고 밝혔다.

노조가 자금난을 겪는 회사와 비용 감축을 위한 합의를 거부한 데 이어 사장실까지 점거하면서, 지난 2월 군산공장 폐쇄 결정으로 시작된 한국GM 사태가 결국 파국을 맞는 것 아니냐는 우려가 쏟아지고 있다. 업계에서는 당초 "노조가 물러서면 GM 본사가 정부가 자금 지원을 하면서 급한 불을 끌 수 있을 것"이라고 예상했다. 그러나 점거라는 돌발 변수가 생기면서, 사태가 어떻게 흘러갈지 아무도 알 수 없는 상황이 됐다.

김성민 기자, 인천=이동휘 기자 A8면에 계속
(23.0×21.8)cm

같은 날 경향신문은 이 뉴스를 2면에 2단 크기로 처리하면서 노조가 사장실을 점거했다는 얘기는 전혀 언급하지 않는다. 한겨레는 아예 GM 관련 기사를 한 건도 다루지 않았다.

한국일보는 사회면인 14면에서 이 뉴스를 취급한다. 2단 크기에 'GM노조 "성과급 지급하라" 사장실 한때 점거'라는 제목이다.

한국GM이 6일 지급이 예정된 2017년도 성과급을 지급하지 않기로 하자, 한국 GM노조가 사장실을 항의 방문해 30분 동안 점거했다. (중략) 노조 집행부는 이날 부평공장 본관에 있는 카젬 사장의 사무실을 항의 방문해 별다른 성과가 없자, 사장실을 무단 점거하고 성과급 지급 약속을 지키라고 요구했다. 이 과정에서 일부 노조원이 사장실에 있던 집기와 화분을 부수는

소동을 벌였다. 카젬 사장이 이곳에 없자 노조원들은 30분가량 버티다 모두 철수했다. (이하 줄임)

한국일보 기사는 경향신문과 다르고 조선일보와도 다르다. 조선일보 기사가 노조의 과격성을 극적으로 부각시킨다면 한국일보 기사는 있는 사실을 건조하게 전한다. 노조의 사장실 점거가 '30분 동안' 이뤄졌으며 '집기와 화분을 부수는' 행위가 있었지만 '소동'에 그쳤다고 한다. 조선일보를 읽은 사람은 노조에 적대감을 가질 만하지만, 한국일보를 읽은 독자라면 비교적 덤덤할 수 있다.

사례 3)

2018년 7월 27일 문재인 대통령이 청와대 영빈관에서 취임 후 첫 전군 주요지휘관 회의를 주재했다. 당시는 국군기무사의 계엄문건 사건으로 군에 대한 비판 여론이 비등하던 때다. 이럴 때 다른 곳도 아닌 청와대에서 군 최고통수권자인 대통령 주재로 회의가 열린 만큼 뉴스 가치는 최상급이라 할 수 있다. 모든 언론이 1면 또는 3면에 기사와 함께 사진을 실어 비중 있게 보도했다.

그런데 신문에 따라 서로 다른 사진을 게재해 눈길을 끈다. 경향신문과 한국일보는 문 대통령이 회의장에 들어서는 모습을 잡은 반면, 조선·중앙·동아일보는 국민의례 후 자리에 앉으려는 대통령을 위해 송영무 국방장관이 의자를 잡아주는 장면의 사진을 실었다. 조선·중앙·동아일보에 실린 사진은 통신사인 뉴시스 크레딧이 달려 있다. 통신사 보도물은 해당 통신사와 제휴를 맺은 모든 언론사가 인용·보도할 수 있다. 따라서 모든 언론사가 게이트키핑 과정에서 이 사진을 검토했을 가능성이 높다. 그런데 결과는 어떤 매체는 보도하고, 어떤 매체는 킬 시키는 것으로 나타났다.

문재인 대통령이 회의장에 입장하는 모습(왼쪽 사진)과
문 대통령의 의자를 송영무 국방장관이 잡아주는 장면(오른쪽 사진).

사례 4)

2016년 10월 송민순 전 외교통상부 장관의 회고록이 언론에 대서특필된
적이 있다. 언론이 주목한 뉴스 포인트는 딱 한 줄이다. 회고록 내용 중
2007년 노무현 대통령이 유엔의 북한 인권결의안에 대해 기권결정을 내
리면서 "(북한에) 묻지는 말았어야 했는데…"라고 말한 적이 있다는 대목
이다. 유엔 표결을 앞두고 우리 측 입장을 정할 때 북한에 물어본 것 아닌
가 하는 의구심을 자아내지만, 확실하지는 않다. 회고록에서 그 부분을 강
조해서 자세히 쓴 게 아니었기 때문이다.

언론은 집요하게 이 문제를 물고 늘어졌다. 첫 뉴스가 나오던 날, 동아
일보는 1면에 스트레이트, 2면과 3면에 해설 및 분석 기사를 싣고 마지막
면에 사설로 다루었다. 첫 뉴스부터 의제설정을 확실히 한 것이다. 다음날
에도 동아일보는 이 이슈를 1면, 2면, 3면, 사설로, 그 다음날에도 1면,

2면, 3면, 사설로 실었다. 연속 사흘간 1~3면에 사설까지 하나의 이슈에 집중했다.

조선일보와 중앙일보도 동아일보만큼은 아니었지만 대대적으로 보도했다. 조선일보는 첫날 1면과 4면과 사설, 이튿날 1면과 3면과 사설, 그 다음날 1면과 5면과 사설로 보도했고, 중앙일보는 첫날 1면, 이튿날 1면, 2면, 3면, 8면에 사설, 그 다음날에는 1면, 3면, 4면과 사설로 보도했다.

이 신문들을 보면 나라가 금세라도 결딴날 것 같다. 그러나 다른 신문을 보면 이런 분위기를 전혀 느낄 수 없다. 경향신문은 첫날 이 뉴스를 5면에 간단하게 처리하고 이튿날에는 조선·중앙·동아일보의 보도 태도를 비판하는 사설 기사를 싣는다. 한겨레는 첫날에는 한 줄도 보도하지 않다가 이튿날 1면, 6면, 8면에 사건의 전말을 자세히 전하는 해설 뉴스를 싣고 사설에서 보수 언론의 색깔론이라는 차원에서 강하게 비판한다. 그러니까 경향과 한겨레는 조선·중앙·동아일보가 설정한 의제를 어쩔 수 없이 다루면서, 뉴스 내용은 자신들의 프레임으로 전혀 다르게 생산하는 것이다.

같은 사안을 매체에 따라 달리 보도하는 사례는 무수히 많다. 거의 매일 발생한다고 해도 과언이 아니다. 앞에서 살펴본 것처럼 언론사는 각자의 게이트키핑과 의제설정과 프레임을 가지고 있기 때문이다. 이걸 한마디로 논조(論調)라고 불러도 무방하다. 그럼 언론사의 논조는 어떻게 결정되며, 소비자는 그걸 어떻게 알 수 있을까.

3) 지배구조

어느 기업의 성격을 알고 싶을 때, 지름길 중 하나는 지배구조를 보는 것이다. 삼성의 계열사라면 삼성이, 현대자동차 계열사라면 현대자동차가 지배하는 기업이다. 언론은 물론 기업과 다르다. 언론은 경영과 편집이 기본적으로 분리돼 있다. 신문은 편집의 자유와 독립이, 방송은 편성의 자유와 독립이 각각 법으로 보장돼 있다.

그러나 법과 현실 사이에는 간격이 있다. 언론의 논조는 해당 언론사의 지배구조에 영향 받을 수밖에 없다.

KBS는 국가기간방송으로 자본금 3,000억 원 전액을 정부가 출자해 세운 공법인이다. 정부가 출자한 만큼 사장을 대통령이 임명한다. 물론 대통령 마음대로 임명하는 것은 아니다. 사장 후보를 정하는 곳은 이사회다. 이사회에서 선정해 올린 사장 후보를 대통령이 거부하기는 어렵다. 그런데 이사회를 구성하는 이사 11명의 임명권이 대통령에 있다. 이들 이사는 정치권(여당 7명, 야당 4명)에서 방송통신위원회에 추천하고 방통위가 대통령에게 명단을 올려 최종 승인을 받는 방식으로 운영돼 왔다.

사장을 대통령이 임명하는 구조다 보니, KBS를 국가에서 운영하는 국영방송으로 오해하는 사람도 많다. KBS 드라마 '프로듀사'에 보면 주인공 김수현의 아버지는 아들이 KBS PD로 취직한 것을 뿌듯해하며 KBS를 가리켜 "국영방송"이라고 지칭한다. 이에 아들 김수현이 "국영방송 아니고 공영방송"이라고 몇 차례 바로잡아주는 장면이 나온다. 실제 KBS는 1973년 한국방송공사법이 생기기전까지 국가가 직접 운영하는 국영방송이었다. 나이든 사람들이 국영방송으로 오해하는 것도 무리는 아니다.

국영방송은 국가 경비로 운영되는 방송이다. 우리나라에는 KTV, 국회방송, 국방TV, TBN(한국교통방송) 등이 있다. 이들은 상업광고를 하지 않으며, 일반 뉴스도 하지 않는다. 그러니까 국영방송 뉴스는 우리나라에 없다. 공산권 국가나 개도국이 아니면 대부분 공영방송 체제다. 영국의 BBC, 일본의 NHK가 양질의 뉴스를 생산하는 공영방송으로 인정받고 있다.

KBS 또한 공영방송이고 국민이 내는 수신료로 운영되기 때문에 정부가 방송 뉴스에 대해 이래라 저래라 할 권한은 없다. 오히려 그랬다간 처벌받는다. 방송법 4조 2항은 "누구든지 방송편성에 관해 이 법 또는 다른 법률에 의하지 아니하고는 어떠한 규제나 간섭도 할 수 없다."고 규정하면서, 이를 위반하면 2년 이하의 징역 또는 3,000만 원 이하의 벌금에 처하도록 한다. 실제 박근혜 정부 때 이정현 청와대 홍보수석비서관은 KBS 보도국장에게 전화를 걸어 "세월호 기사를 뉴스 편집에서 빼달라", "다시 녹음해서 만들어 달라"고 요청한 사실이 드러나 검찰에 기소까지 됐다. 과거 정권의 일이긴 하지만, KBS의 정치 중립이 완전하게 보장되려면 지배구조 개선이 필요하다.

KBS

MBC 대주주는 방송문화진흥회(방문진)다. 주식의 70%를 소유하고 있다. 그래서 MBC 사장은 9명으로 구성된 방문진 이사회에서 선임한다. 그런데 방문진 이사 9명을 여권에서 6명, 야권에서 3명 나눠서 추천해왔다. 집권당이 바뀌면 방문진 이사진이 바뀌고, MBC 사장 또한 바뀌게 되는 구조적 배경이다.

MBC의 나머지 지분 30%는 과거 박정희 정권 때 설립된 정수장학회가 가지고 있지만, 경영권을 행사할 지분에 못 미치기 때문에 사실상 영향력은 없다.

SBS는 태영건설을 지배주주로 하는 민간상업방송이다. 민영방송은 전두환 정권 이전에 TBC(동양방송), DBS(동아방송)가 있었으나 1980년 언론통폐합에 따라 문을 닫았고, 이후 처음 부활한 게 SBS다. 민영방송인만큼 대주주가 사장을 임명한다. 다만 SBS는 노사 합의에 따라 회사 측에서 사장 후보를 지명하면, 사원들이 투표를 통해 찬성 반대의사를 표명하고 그 결과에 따라 임명여부를 최종 결정하는 임명동의제를 2017년 11월부터 시행하고 있다.

이들 지상파 3사 외에 뉴스를 내보내는 TV 방송으로는 보도전문 2개사(YTN, 연합뉴스TV)와 이명박 정부 때 생긴 종합편성채널 4개사가 있다. 종편 4사 중 JTBC는 중앙일보, 채널A는 동아일보, TV조선은 조선일보, MBN은 매일경제가 모기업이다. 모기업인 신문과 자회사인 종편은 독립적이면서 필요에 따라 협력한다. 예를 들어 JTBC는 중앙일보와 별개로 운영되지만, 채널A와 동아일보는 기자들을 같은 사무실에 배치해 긴밀하게 협력한다.

국내 신문시장을 과점하고 있는 조선일보·중앙일보·동아일보는 특정 개인이 소유한 회사다. 반면 경향신문은 주식 대부분을 사원들이 가지고 있는 사원주주회사이고, 한겨레신문은 국민 성금으로 창간된 국민주 신문이다. 조·중·동은 소유주가 사장을 임명하지만 경향·한겨레는 그런 권한을 가진 특정 소유주가 없으니 사원들이 투표로 사장을 선출한다.

소유 구조 자체가 신문의 논조에 직접 영향을 주는 것은 아니다. 개인 소유=보수적, 집단 소유=진보적이라는 공식은 없다. 세계 최고의 신문이면서 진보적 성향을 띠는 미국의 뉴욕타임스는 설즈버거 가문의 개인 소유다. 하지만 위에서 임명받은 사람은 평소 시선을 위에 두게 되고, 아래에서 투표로 선출된 사람은 시선을 아래에 두는 게 일반적이다. 조·중·

동 뉴스가 보수적 성향을 보이는 것과 대조적으로 경향·한겨레 뉴스가 진보적인 배경이다.

세계일보와 국민일보는 종교재단에서 설립한 신문이다. 세계일보는 통일교, 국민일보는 순복음교회가 지배주주다. 이들 신문도 종합지로서 정치·경제·사회·문화 뉴스를 공정하고 균형 있게 다루고 있지만, 통일교와 순복음교회에 대한 보도는 남달리 신중할 수밖에 없다.

지배구조가 보도에 어떤 영향을 미칠까. 단적인 사례를 보자.

2016년 4월 대기업들의 모임인 전국경제인연합회(전경련)에서 우익단체인 어버이연합에 자금을 지원해 온 사실이 시사저널 보도로 드러났다. 해명에 나선 어버이연합 사무총장이 "지시가 떨어지면 (단체들 사이에서) 경쟁이 붙는다. 서로 먼저 집회에 나가려고 한다.", "청와대와 협의했을 뿐"이라고 말하는 등 시사저널 보도에서 한발 더 나가는 사실까지 털어놓았다.

당연히 모든 언론이 비중 있게 보도했다. 당시 민주언론시민연합이 모니터한 바에 따르면 4월 18일부터 28일까지 열흘간 경향신문은 관련기사를 41건, 한겨레는 37건을 보도했다. 조선·중앙·동아일보도 4건, 7건, 2건을 보도했다. 경제신문에서도 매일경제, 아시아경제, 아주경제 등은 크고 작은 상자기사로 관련 내용을 전했다.

그런데 유독 한국경제신문만 보도하지 않았다. 사안의 성격상 보수성향의 경제신문이 비중 있게 다룰 뉴스는 아니라 해도 아예 한 건도 취급하지 않은 것은 의아스럽다. 여기서 떠오르는 생각이 이 신문의 지배구조다. 한국경제신문은 현대자동차와 (주)LG, SK텔레콤, 제일모직 등 전경련 회원사들이 주주이기 때문이다. 언론사 지배구조를 알고 뉴스를 보면 보이지 않는 이면이 보이게 된다.

4) 온라인 뉴스와 오프라인 뉴스

한국의 언론은 두 얼굴을 갖고 있다. 온라인에서 얼굴과 오프라인에서 얼굴이 달라도 너무 다르다. 오프라인에서는 대의명분을 따지고, 온라인에서는 실리를 추구한다. 대의명분을 논할 때는 한껏 엄숙한 모습이지만, 실리를 추구할 때는 언제 그랬느냐는 듯 안면몰수하고 상업적 이익에 매달린다.

앞 장에서 언론은 각자의 게이트키핑과 의제설정 과정을 거쳐 고유한 프레임으로 뉴스를 보도한다고 했다. 그런데 따지고 들면 이것은 오프라인 뉴스를 생산하는 데 적용되는 말이다. 온라인 뉴스에는 전혀 다른 논리가 작동한다. 게이트키핑이나, 의제설정이나, 나아가 프레임에서까지 온라인용 가치가 따로 있다.

A라는 종합신문이 있다. A사 편집국 기자들이 생산하는 뉴스는 게이트키핑을 거쳐 종이신문에 실린다. 그리고 그 오프라인 뉴스들은 100% 온라인에 노출된다. 그런데 A사 인터넷 홈페이지에는 오프라인에서 넘어온 뉴스만 있는 게 아니다. 오프라인에서는 다루지 않은 갖가지 뉴스들이 온라인에선 무제한적으로 생산되고 노출된다. 이 온라인 전용 뉴스들은 A사가 네이버와 다음 등 포털에 자사 이름으로 제공하는 뉴스 콘텐츠에 오프라인 뉴스와 함께 포함된다.

요약하면 A사 브랜드의 뉴스는 오프라인+온라인 뉴스다. 그런데 온라인 뉴스가 오프라인 뉴스에 단지 더해지는 수준이 아니라는 사실이 중요하다. 온라인 뉴스가 오프라인 뉴스와 뒤섞여 인터넷에 유통되는 순간, 외견상 둘의 차이는 없어진다. 오프라인 뉴스도 이미 하나의 URL을 가진 온라인 뉴스가 돼 있다. 어느 것이 애당초 오프라인 뉴스였는지, 온라인 전용 뉴스였는지 구별하는 것은 사실상 불가능하다.

오프라인에서는 하나였던 뉴스가 온라인에 오면서 둘이 되고, 셋이 되고, 때로는 다섯 여섯도 된다. 오프라인에서는 한 번 인쇄되어 나오면 고칠 수 없지만, 온라인에서는 시시각각 변화무쌍하다. 같은 뉴스라도 무제한 손질이 가능하다. 내용을 고치기도 하고, 추가하기도 하고, 여차하면 빼기도 한다. 이렇다 보니, A사 오프라인 독자와 A사 홈페이지 이용자, 그리고 포털에서 A사 뉴스를 보는 사람이 모두 서로 다른 상품을 접하게 된다. 같은 브랜드 상품을 보면서 다른 인상을 받게 된다는 얘기다.

이걸 확인하는 일은 어렵지 않다. 온·오프라인 뉴스를 비교하면 된다. 어느 날 아침 A사 신문을 펼쳐놓고 인터넷에 들어간다. 네이버 뉴스스탠드에서 A사 뷰어를 오픈한다. A사 종이신문에서 1면, 3면으로 다룬 주요 기사들이 뉴스스탠드 뷰어에 보면 상단에 배열돼 있지 않다. 뷰어 화면의 하단에 있거나, 아예 안 보일 때도 있다. 반면 종이신문에선 눈을 씻고 찾아도 잘 안 보이는 연예스포츠 뉴스가 형형색색의 글씨 제목으로 뷰어 곳곳에 자리하고 있다. 예를 들면 '드러내는 여, 제모하는 남… 달라진 털고민' 같은 뉴스들이다.

A사 인터넷 홈페이지에 들어가 본다. 여기에선 뉴스스탠드의 뷰어에서 본 화면과 또 다른 내용으로 편집 처리돼 있다. 뉴스스탠드 뷰어 맨 상단에 큰 글씨 제목으로 배열된 톱뉴스가 홈페이지에선 어디 있는지 찾기 어렵다. 홈페이지에는 뉴스와 비(非) 뉴스가 아무런 구분 없이 뒤섞여 배치돼 있다. 제목을 보고 흥미로운 뉴스인 줄 알고 클릭했다가 낭패스런 광고 화면이 등장하는 경우가 한두 번이 아니다.

이제 포털 뉴스페이지에 가보자. 이곳은 A사를 포함해 여러 언론사들이 포털에 제공한 뉴스가 노출되는 공간이다. 제목을 보고 클릭하면 포털 안에서 열리는 인링크 뉴스들이 모여 있다. 이곳에 오면 A사 뉴스는 포털에 뉴스를 제공하는 다른 많은 언론사 뉴스와 뒤섞여 하나의 통 안에 들어간다. 여기서 네이버는 네이버대로, 다음은 다음대로 각자 가진 알고리즘에 따라 뉴스를 배열하고 노출한다. 그러다보니 이곳에서 A사 뉴스는 웬만해선 눈에 띄지 않는다. 신문지면에 실린 뉴스 하나를 이곳 인링크 뉴스페이지에서 보려면 사막에서 바늘 찾는 것만큼이나 어렵다. 지금까지 오프라인에서, 인터넷 홈페이지에서, 또 뉴스스탠드에서 본 A사 뉴스들이 포털의 인링크 뉴스 더미에 오면 종적을 찾아보기도 어렵다.

온·오프라인 뉴스가 두 얼굴을 띠는 것은 시간적 특성 외에 공간적 차원의 특성 차이에서 비롯되는 측면도 있다.

신문지면에서는 기사 제목과 내용을 동시에 볼 수 있다. 제목 외에 기사의 위치와 크기가 다르게 편집돼 있는데, 한 지면에 들어있는 기사가 6~7개를 넘지 않는다. 기사와 기사 사이에 선이나 여백으로 구분돼 있으면서 가지런히 배열돼 있다. 지면을 보고 어느 뉴스를 선택해 읽을 것인지 판단하기가 쉽다.

인터넷에선 뉴스의 상품 가치를 제목이 결정한다. 오프라인 뉴스에선 편집이 얼굴이지만, 온라인 뉴스에선 제목이 얼굴이다. 상품가치를 높이기 위해 내용에 상관없이 끌리는 제목을 달아야 한다.

'연예인 아무개와 아무개 열애중이라는데… 알고 보니 헉' 따위의, 오프라인 지면에는 상상할 수 없는 제목의 뉴스가 그래서 만들어진다.

온라인에만 쓰이는 이런 저급한 뉴스는 언론사별로 만드는 사람들이 따로 있다. 인턴 기자나 비정규직 기자를 뽑아 이런 뉴스 생산을 맡긴다. 이 때문에 A사 편집국 기자들은 이런 뉴스 같지 않은 뉴스들이 자사 브랜드를 달고 유통되는 현실을 잘 모르거나, 알면서도 짐짓 모른 체 한다. 자신들은 고급 뉴스 생산에 매진할 뿐, 온라인에서 벌어지는 일과는 무관하다고 선을 긋는다. 뉴스 경쟁은 온라인에서 벌어지는데 오프라인에서 결백을 외치는 것이니, 현실에 눈을 감는 언론의 두 얼굴이다.

오프라인 뉴스와 온라인 뉴스가 일치해야 한다는 법은 물론 없다. 오히려 인터넷 시대에는 온라인용 뉴스와 오프라인용 뉴스를 구별해서 생산하는 게 바람직하다. 그게 수요자 중심의 상품이고, 뉴스 콘텐츠의 질적 향상을 가져오는 지름길이다. 하지만 지금 온·오프라인 뉴스가 두 얼굴을 띠는 것은 소비자를 기만하는 것이다.

5) 뉴스와 비뉴스

전통적 의미에서 뉴스란, 일반에 알려지지 않은 새로운 소식이다. 이 소식을 전하는 주체가 언론이고 미디어. 여기서 의문이 생긴다. 일반에 알려지지 않았는지, 알려졌는지 어떻게 구분할까.

과거에는 이런 구분이 그다지 어렵지 않았다. 정보도 많지 않고, 정보를 전하는 미디어도 소수였다. 몇 안 되는 신문과 방송에 안 나왔으면 일반에 알려지지 않은 것이고, 나왔으면 알려진 것이다. 구분과 경계가 간단했다.

하지만 다매체 다채널 시대에는 어디서 어떤 정보가 나왔는지, 안 나왔는지 알 수가 없다. 세상에 출현한 모든 뉴스를 100% 소비하는 것은 원천적으로 불가능하다. 필요한 뉴스를 골라서 소비하지 않으면 정보의 홍수에 치여 아무 것도 할 수 없게 된다. 앞 장에서 소개한 뉴스 큐레이션은 이런 필요에서 비롯됐다.

그렇다면 뉴스 큐레이션에서 생산하는 콘텐츠는 일반에 알려지지 않은 새 소식일까, 아닐까.

큐레이션으로 세계에서 가장 성공한 매체가 미국의 버즈피드(Buzz Feed)다. 버즈피드는 그 유명한 '고양이 동영상', '흰검 파검' 논쟁을 불러일으킨 매체다. 큐레이션 매체지만 독자적 취재도 한다. 2015년 2월엔 버락 오바마 대통령을 단독 인터뷰했고, 49석밖에 없는 백악관 브리핑실에서 한 자리를 차지하기도 했다. 미국 최고의 신문 뉴욕타임스가 내부 혁신 보고서에서 자신들의 경쟁상대로 꼽은 매체가 다른 전통의 신문이 아니라 버즈피드다.

사실 버즈피드는 종이신문은 없지만 홈페이지의 평균 방문자 수에 있어 뉴욕타임스를 훌쩍 능가하고 있다. 실리콘밸리에서 매출 10억 달러(1조 2천억 원)가 넘는 스타트업을 유니콘이라 부르는데 2006년 창간 이후 10년 만에 유니콘 반열에 들어갔다.

버즈피드의 성공은 미디어 업계 화두 중 하나다. 핵심은 리스티클에 있다. 리스티클이란 목록을 뜻하는 리스트(list)와 기사를 뜻하는 아티클(article)을 합친 용어다. 버즈피드에서 시작해 세계적으로 유행한 용어로 네이버 사전에도 올라 있다.

리스티클은 인터넷 공간에 여기 저기 흩어져 있는 정보를 퍼오거나 해당 정보에서 얻은 아이디어를 바탕으로 재가공한 리스트 형식의 글이다. '주말 맛집 명소 어디 어디?' 하는 식의 정보를 모아서 '이번 주말에 꼭 가봐야 할 맛집 10선'이라는 글로 만들어내는 게 리스티클이다. 평범하던 정보에 생기를 불어넣어 눈에도 들어오고 머릿속에도 남는 글로 만드는 것이다.

리스티클을 공식처럼 활용하면 콘텐츠 생산은 무궁무진해진다. '인생에서 꼭 읽어야 할 책 10권', '죽기 전에 가 봐야할 동남아 여행지 7곳', '연애할 때 남자(여자)의 마음 알아차리는 간단한 방법 7가지' 등등 끝도 없이 이어질 수 있다.

버즈피드에서 대히트한 리스티클은 국내에도 상륙한다. '우주의 얕은 재미'란 슬로건을 내걸고 2013년 7월 출범한 피키캐스트(Pikicast)가 대표적이다.

피키캐스트에서 생산하는 콘텐츠는 버즈피드의 그것과 흡사하다. '오래 도록 연애하는 사람들의 12가지 공통점', '이별한 사람이 겪게 되는 감정의 5단계 변화', '멍충미 오진 댕댕이가 10분을 소비하는 방법', '여사친과 단 둘이 그거 가능함?', '썸에서 첫 뽀뽀까지 그 설렘 터지는 과정'.

이런 리스티클은 뉴스일까, 아닐까. 연애의 기술 같은 글은 '일반에 알 려지지 않은 정보'일 수는 있지만 '소식'은 아니다. 소식이란 사실관계를 전제로 한다. 누가 언제 어디서 무엇을 어떻게 왜? 라는 구체적 사실관계 를 담고 있어야 한다. 피키캐스트에서 생산하는 글은 소식은 없고 '얕은 재미를 주는 정보'만 있다. 따라서 뉴스가 아니라 비(非)뉴스다.

뉴스를 생산하지 않는 피키캐스트는 법적으로 언론이 아니다. 이 점이 피키캐스트와 버즈피드의 결정적 차이다. 버즈피드도 피키캐스트와 같은 큐레이션 매체이지만, 백악관 출입 기자를 두고 직접 뉴스 생산도 하는 언 론인 반면, 피키캐스트는 직접 뉴스 생산을 하지 않고 인터넷에 산재한 정 보를 모아 재가공하는 비(非)언론이다.

수용자 입장에서 뉴스냐, 비뉴스냐, 언론이냐 아니냐가 중요한 것은 아 니다. 각자 원하는 정보를 효율적으로 이용하고 즐겁게 소비하면 충분하 다. 이 때문인지 10~20대 젊은 층 사이에 피키캐스트 인기는 생각보다 많다. 이들 상대로 설문조사를 해 보면 조선·중앙·동아일보 같은 전통 신 문의 브랜드는 기억이 가물가물하지만, 피키캐스트는 또렷이 안다는 응답 이 적지 않다.

팟캐스트는 어떨까. 팟캐스트는 애플 아이팟(iPod)과 방송(Broadcast) 이 합쳐진 단어로 오디오 파일 또는 비디오 파일 형태로 뉴스나 드라마 등 다양한 콘텐츠를 인터넷을 통해 제공하는 서비스를 말한다. 시작은 아 이폰의 아이튠즈에서 했지만, 곧 안드로이드폰으로 이용 가능한 보편적 서비스가 되면서 팟캐스트란 용어 자체가 개인 주문 방송(personal on demand broadcasting)이란 의미로 바뀌었다.

우리나라는 2011년 〈나는 꼼수다〉라는 팟캐스트가 공전의 히트를 하면서 정치, 시사를 다루는 팟캐스트들이 우후죽순처럼 생겨나 세계에서 팟캐스트 이용률이 가장 높다. 〈김어준의 뉴스공장〉, 〈김용민의 브리핑〉, 〈이박사와 이작가의 이이제이〉, 〈파파이스〉, 〈새가 날아든다〉, 〈그것은 알기 싫다〉 등등.

시사문제를 다루는 팟캐스트는 '일반에 알려지지 않는 소식'들을 경쟁적으로 쏟아낸다. 전통 언론에는 나오지 않은 내밀한 소식을 이야기하면서 사람들 귀를 솔깃하게 한다. 그렇다면 이 팟캐스트는 뉴스일까, 아닐까.

뉴미디어 시대 뉴스와 비뉴스의 경계는 갈수록 모호해지고 있다. 지금은 비뉴스로 분류되지만, 장차 뉴스 영역에 들어올 수밖에 없을 것 같은 서비스들이 적지 않다. 뉴스의 개념, 언론의 개념을 재정립해야 한다는 지적이 끊이지 않는다.

하지만 지금의 기준은 해당 콘텐츠를 생산하는 주체가 누구냐를 따진다. 언론사에서 생산하면 뉴스, 일반 개인이 생산하면 비뉴스다. 세부적으로 따져들면 차이가 있지만 큰 틀에서 보면 이런 분류가 가능하다.

언론이 아닌 팟캐스트는 언론중재의 대상이 아니다. 팟캐스트에서 사실과 다른 내용이 나왔다고 해도 언론중재법에 근거해 정정보도나 반론보도를 청구할 수 없다. 일반 형법에 의해 소송을 제기할 수는 있지만, 언론을 상대로 하는 언론중재법을 적용할 수는 없다. 언론은 현재 우리 법 체계에서 신문, 방송, 통신, 인터넷 신문으로 한정하고 있는데, 팟캐스트는 이중 어디에도 속하지 않기 때문이다.

다만 언론사에서 만드는 팟캐스트는 예외다. 기자들이 출연하는 팟캐스트는 대개 지면에 쓴 기사를 재미있는 뒷얘기를 담아 흥미로운 언어로 풀어준다. 이때 사실과 다른 내용을 사실처럼 이야기해 피해를 보았다며 언론중재를 신청한 사람이 실제 있었다. 언론중재위원회는 이 사건에서 "언론사가 제작한 팟캐스트는 언론의 사실적 주장으로 언론보도에 해당한다."며 해당 신문에 정정 보도를 하도록 직권결정을 내렸다.

만약 같은 내용의 팟캐스트가 언론사 홈페이지에 있지 않고 팟캐스트 사이트인 팟빵에만 올라 있다면 어떻게 될까. 이렇게 되면 '언론의 사실적 주장'이 아니라 '개인의 사실적 주장'에 해당한다. 언론으로 간주되지 않고, 따라서 언론중재의 대상에서 제외된다. 결국 같은 내용의 팟캐스트라도 언론사 홈페이지에 있으면 언론이지만, 다른 사이트에 있으면 언론이 아닌 게 된다.

다소 모순으로 보이지만, 뉴스이면서 뉴스 아니고, 언론이면서 언론 아닌 뉴미디어들이 홍수처럼 쏟아지는 시대 상황을 감안하면 이해 못할 것도 아니다. 법은 현실을 늘 뒤따라간다.

발간 주체를 기준으로 한 구분법을 다른 미디어에도 적용하면 뉴스와 비뉴스의 구분이 다소 쉬워진다. 10대 젊은이들에게 인기 있는 〈국범근의 쥐픽쳐스〉, 1인 미디어의 선봉 〈미디어몽구〉 등은 뉴스가 아니다.

같은 맥락에서 언론사에서 제작한 카드뉴스, 동영상뉴스, 브리핑뉴스는 뉴스로 잡힌다. 카드뉴스는 일반적인 뉴스 기사와는 달리 여러 컷의 이미지에 짧은 글을 집어넣은 스토리 형식의 뉴스이고, 동영상뉴스는 텍스트보다 영상에 익숙한 젊은 층을 겨냥해 내놓은 신개념 뉴스포맷이다. 뉴스라면 저널리즘의 원칙에 충실해야 할 의무가 있고, 비뉴스라면 자유롭고 흥미로운 정보전달이 우선이다. 인터넷에서 끊임없이 출현하는 새로운 포맷의 콘텐츠를 접할 때 이 같은 잣대를 가지고 있으면 판단이 한결 쉬워질 수 있다.

NEWS

제4장

뉴스에 속지 않는 법

가짜 뉴스란 무엇인가

가짜 뉴스라는 개념은 우리에게 새롭지 않다. 따지고 보면 인류가 언어를 사용한 이후 허위 또는 거짓 정보라는 개념의 가짜 뉴스는 늘 존재해왔다.

하버드대 역사학자 로버트 단턴(Robert Darnton) 교수는 6세기 비잔틴 제국의 역사학자 프로코피우스(Procopius)가 쓴 〈비밀 역사(The Secret History)〉를 가짜 뉴스의 기원으로 본다. 프로코피우스는 당시 유스티니아누스(Justinianus) 황제의 재능을 칭송하는 거짓 역사물을 썼다가 양심의 가책을 느껴 황제를 비난하는 내용의 또 다른 역사물을 썼는데, 그게 〈비밀 역사〉다.

해외에서 많이 이야기되는 가짜 뉴스 사례는 1835년 미국 뉴욕선(New York Sun)의 '달 날조'(great moon hoax) 보도다. 이 신문은 "남아공에서 새로 개발한 망원경으로 달을 관찰해보니 달에 생명체가 보인다."는 내용의 거짓 기사를 실어 신규 독자를 대대적으로 끌어 모은 적이 있다.

우리나라에선 삼국유사 백제편에 나오는 서동요 설화가 가장 오래된 가짜 뉴스로 꼽힌다.

> "선화공주님은 / 남몰래 정을 통해 두고 /
> 서동 도련님을 / 밤에 몰래 안고 간다."

선화공주를 얻기 위해 허위 사실을 퍼뜨려 성공을 거둔 서동요 얘기가 가짜 뉴스가 아니면 무엇이겠느냐는 말이다.

우리 속담에 '발 없는 말이 천리를 간다.'고 한다. 누군가 지어낸 허위소문이 사람들 입에서 입으로 퍼져나가 유언비어처럼 떠돌아다니는 일은 어느 시대에도 있어왔다. 그래도 그걸 '가짜 뉴스'라고 딱지붙인 적은 없었다. 그렇다면 요즘 들어 왜 갑자기 가짜 뉴스가 세계적 화두가 된 걸까.

가짜 뉴스란 단어가 등장한 것은 2016년이다. 영국이 유럽연합(EU)에서 탈퇴하는 문제를 두고 국민투표에 붙여졌을 때, 난민과 무슬림에 대한 인종혐오성 글과 사진이 SNS에 난무했다. 검증 결과 거짓으로 드러난 가짜 뉴스였으나 당시 브렉시트(Brexit)에 큰 영향을 미친 것으로 분석됐다.

그해 있었던 미국 대선에서도 '프란치스코 교황이 트럼프를 지지했다'는 내용의 거짓 기사가 진짜 뉴스를 제치고 페이스북 이용자 96만 명에게 퍼져나가는 등 가짜 뉴스가 선거에 영향을 줬다. 이렇게 보면 과거에도 있어온 가짜 뉴스들이 지금에 와 새삼 화두가 되는 것은 인터넷 시대 위력이 강해진 때문이라고 볼 수 있다.

실제 최근 가짜 뉴스는 디지털, 그중에서도 모바일 환경에 최적화돼 있다. 콘텐츠 자체를 치밀하게 만드는 것보다 디지털 환경에서 얼마나 쉽게 퍼 나를 수 있느냐에 더 신경을 쓴다.

그래서 그런지 가짜 뉴스의 영향력이 진짜 뉴스를 능가한다는 보도도 나와 있다. 미국의 온라인 매체 버즈피드가 가짜 뉴스 20개, 진짜 뉴스 20개를 골라 공유 수, 좋아요 수, 댓글 수 등 페이스북 이용자 참여 수를 분석해보니, 가짜 뉴스가 주류 언론의 진짜 뉴스보다 더 많은 참여 수를 기록했다. 사람들이 가짜 뉴스에 눈길을 더 많이 준다는 얘기다. 언론계와 정치계에 충격이 아닐 수 없다.

그렇다면 가짜 뉴스란 무엇인가.

가짜 뉴스를 영어로 Fake news라고 쓴다. 영어로 쓰면 속인다는 뉘앙스가 들어온다. 우리말로 '허위 뉴스', '사기 뉴스'라고 하는 게 어울릴 것 같다. 그런데 가짜 뉴스라는 단어가 이미 통용되고 있으니 굳이 고칠 것까지는 없다. 가짜 뉴스에 '속인다'는 개념이 내포돼 있다는 점만 잊지 않으면 된다.

가짜 뉴스의 정의에 대해 학자들마다 표현법은 조금씩 다르다.

"상업적 또는 정치적 정보를 매개로 타자를 속이려는 기만적 의도성을 가진 행위로서, 수용자가 허구임을 오인하도록 언론보도의 양식을 띤 정보"(건국대 황용석 교수), "허위의 사실관계를 허위임을 알면서 의도적으로 유포하기 위한 목적으로 기사 형식을 차용해 작성한 것"(한국언론진흥재단 박아란 연구위원) 등의 풀이가 있다.

요약하면, 언론사 뉴스형태를 모방해 실제 언론 보도인양 허위로 유포하는 정보가 가짜 뉴스다. 여기서 가짜 뉴스의 세 가지 조건이 보인다. '허위 내용', '의도적', '뉴스형식'이다. 이중 어느 하나라도 충족하지 않으면 가짜 뉴스라고 볼 수 없다. 도널드 트럼프(Donald Trump) 미국 대통령이 뉴욕타임스와 CNN 같은 자신에게 비판적 언론사를 가리켜 '가짜 뉴스 언론사'라고 공격하는 것은 그래서 전혀 온당치 못하다. 가짜 뉴스의 기본개념이 잘못된 언사다.

가짜 뉴스인가, 아닌가를 보려면 해당 콘텐츠를 생산한 목적과 생산한 주체, 그 내용과 형식을 따지면 된다.

생산주체 면에서 가짜 뉴스는 개인이든 언론사든, 또는 기관이든 누구나 가능하다. 언론사가 가짜 뉴스를 작성하는 일은 드물지만 아주 없지는 않다.

가짜 뉴스를 생산하는 목적은 다양하다. 트래픽 확대에서 얻어지는 경제적 이익이나, 정치·사회적 영향력 확대를 위한 생산도 있다.

형식은 뉴스의 형식을 차용한 것이어야 한다. 그렇다고 신문의 제호나 발행일자, 기자 이름까지 완벽하게 기사형식을 갖추고 있어야 한다는 얘기는 아니다. 뉴스 소비자가 뉴스라고 오인할 수 있을 정도의 형식을 갖추고 있으면 가짜 뉴스의 요건에 충족한다고 볼 수 있다.

이런 전제를 감안해 가짜 뉴스의 유형을 세 가지로 나눠볼 수 있다.

첫째가 흥미형 가짜 뉴스다. 별다른 악의 없이 남을 속이는 즐거움을 느끼기 위해 허위의 글을 기사 형식으로 제작·유통하는 것을 말한다.

대표적인 게 만우절 뉴스다. 외국 언론은 만우절을 기해 흥미형 가짜 뉴스를 심심찮게 생산 유통한다. 그런데 한국 언론이 이걸 진짜 뉴스로 오인해 진지하게 보도했다가 망신 사는 경우가 종종 있다. 웃자고 쓴 기사에 낚인 셈이다.

2004년 4월 중앙일보는 '모델 출신의 브루니 프랑스 대통령 부인이 영국 정부의 위촉을 받아 영국 사람에게 패션과 음식을 가르치는 문화대사로 나선다.'는 기사를 영국 가디언 인터넷 판을 인용해 보도했다. 하지만 만우절 거짓 기사인 것을 알고 다음날 사과 기사를 지면에 실었다.

연합뉴스도 2008년 4월 '알프스 소녀 하이디가 살아있다.'는 내용의 기사를 스위스 국제방송을 인용해 내보냈다가 만우절 기사인 것을 알고 급히 해당 기사를 취소한다는 안내 글을 내보냈다.

서울대 학보인 〈대학신문〉은 2002년 만우절을 기해 '서울대 민영화, LG가 인수하기로', '교내에 지하철역 생긴다.', '오늘 학생회관 식당 무료'와 같은 가짜 기사로 1면을 모두 채운 가짜 신문을 만든 적도 있다.

흥미형 가짜 뉴스는 흥미를 유발하기 위한 목적이지만 의외의 파장을 부르기도 한다. 2003년 4월 한 미국 네티즌이 CNN 뉴스를 모방해 "마이크

로소프트의 빌 게이츠 회장이 피살됐다."는 가짜 뉴스를 제작했다. 이 뉴스가 며칠 뒤 한국으로 흘러 들어와 MBC, YTN, 오마이뉴스 등이 받아서 보도했고, 그 여파로 한때 주식시장과 환율시장이 출렁거리기까지 했다.

두 번째는 기만형 가짜뉴스다. 주로 정치적·사회적 파급효과를 노린 뉴스다.

2006년 12월 벨기에 공영방송 RTBF는 정규방송을 중단하고 벨기에 연방의 한 주가 분리 독립을 선언했다는 긴급 뉴스를 내보냈다. 국회와 왕궁 등 주요 공공기관에 기자가 급파되어 현장 생방송을 진행하는 등 온 나라가 충격에 빠졌다. 30분 뒤 RTBF는 "이 방송은 픽션입니다."란 자막을 내보내며 "단일국가 벨기에에 대한 토론을 유도하는 다큐—픽션"이라고 설명했지만, 비난의 화살을 피할 수 없었다.

2017년 2월 대통령 선거에 나섰다가 출마를 접은 반기문 전 유엔사무총장의 소위 퇴주잔 논란도 이 유형에 속한다. 반기문 전 총장이 부친 묘소를 참배하는 장면을 담은 13초짜리 동영상을 보면 그는 퇴주잔을 묘지 앞에 붓는 대신 마셔 버린다. 이는 대선주자급 지도자가 전통 예법을 모른다는 비판을 자아낼 만하다. 그런데 90초를 넘는 동영상을 보면 제사 절차를 다 마친 뒤 술을 마신다. 중간과정을 의도적으로 생략하고 영상을 짜깁기한 것이다.

2017년 상반기 일본의 한 혐한(嫌韓) 사이트가 〈한국신문〉이라는 브랜드를 내걸고 거짓말 기사를 집중 생산한 적이 있다. 당시 기사 제목을 보면 이런 식이다.

- '인육 공장 적발 기형아 통조림으로 노인의 햄버거'
- '한국 서울 일본인 소녀 강간사건 판결 일전 무죄로'
- '차기 미국 국무장관, 위안부 문제로 한국에 무역 중단의 경제 제재'

상식을 가진 사람이라면 믿지 않을 기사다. '반 트럼프 데모 폭도 그치지 않고, 새로운 4명 사망 한국 전역에 퍼져 반미'라는 제목의 기사는 이렇게 쓰여 있다. 번역기를 돌린 때문인지 문장이 매끄럽지 않다.

> "22일 오전 한국 전역에 퍼져 보이는 반 트럼프 시위운동의 피해자가 새롭게 6명이 증가해 2명이 사망한 것으로 밝혀졌다. 이제 연일 계속되는 국내에서 반 트럼프 시위운동의 사망자 수는 6명이었다. 정부는 이 사태를 심각하게 보고 한국군 특수부대 ROKNSWF를 출동시켜 폭도로 변한 민중의 진압에 임하고 있다. (이하 줄임)"

이 신문은 자신들의 정체를 "우리는 한국의 뉴스를 널리 전하는 것을 사업 목표로 하고 있습니다. 하루도 쉬지 않고 최신 정보를 만듭니다. 사회를 움직이는 것이 우리의 목표입니다."라고 소개한다. 하지만 얼마 뒤 이 사이트는 어디론가 사라져 종적을 감췄다. 기만형 가짜 뉴스의 전형이라고 할 만하다.

한국신문 캡처화면

세 번째는 수익형 가짜 뉴스다. 사람들의 호기심을 자극하는 가짜 뉴스를 웹사이트에 올려 클릭을 유발하고, 그에 따라 광고수입을 벌어들이는 방식이다.

남유럽의 작은 나라 마케도니아의 소도시 벨레스(Veles)의 한 청년은 2016년 미국 대선 때 미국의 우파 사이트가 만들어낸 선정적 가짜 뉴스를 짜깁기해 웹사이트에 올리는 방식으로 2016년 8월부터 11월까지 넉 달 동안 마케도니아 사람들의 평균 연봉 4년 치에 해당하는 1만 6천 달러를 벌었다고 한다. 가짜 뉴스 연구서인 〈가짜 뉴스 현황과 문제점〉(오세욱·정세훈·박아란)에 나오는 사례다.

네 번째는 봇(bot)에 의한 가짜 뉴스다. 로봇이 자동 생성하는 가짜 뉴스를 말한다. 2016년 미국 대선 때 러시아 정부가 2,700개의 봇을 운영하면서 미국 선거와 관련한 트윗 140만 개를 자동 생성한 게 대표적인 봇 뉴스다. 봇은 가짜 뉴스 작성에 그치지 않고 전파도 했다. 미국 대선기간 중 1,400만 개 트윗 메시지를 분석한 연구에 따르면 가짜 뉴스는 사람 계정이 아니라 소셜 봇(social bot)에 의해 전파된 것으로 나타났다. 봇이 북 치고 장구 치는 데 따라 사람이 놀아난 셈이다.

이렇게 유형을 나누면 가짜 뉴스 구분이 쉬울 것 같지만, 현실에선 그렇지도 않다. 가짜 뉴스의 세 조건이 '허위 사실', '의도성', '뉴스 형식'이라고 할 때, 뉴스형식을 빼면 앞의 두 조건은 구분하기가 매우 어렵다.

우선 의도가 있다 없다 판단하는 것 자체가 주관적이다. 작성자가 의도가 있었는지 없었는지 알아차리는 것은 뜻밖에도 간단하지 않다.

더 큰 문제는 허위 사실 여부를 판단하는 것이다. 진짜와 가짜는 각자의 견해와 입장에 따라 달리 나타날 수 있다. 보통의 미국인들이 뉴욕타임스와 CNN 기사를 진짜라고 생각하지만, 트럼프 대통령은 줄기차게 가짜 뉴스라고 주장하는 것과 같은 이치다. 실제 공화당 지지자의 89%는 CNN보다 트럼프를 더 신뢰하고, 민주당 지지자의 91%는 트럼프보다 CNN을 더 신뢰한다는 조사도 있다.

러시아 외무부도 미국 CNN과 뉴욕타임스, 영국의 BBC와 가디언의 몇몇 기사들을 가짜 뉴스의 대표적 사례로 홈페이지에 게시하고 있다. 이 기사들은 러시아에 불리한 내용을 담고 있다는 공통점이 있다. 정치경제적 입장 차이가 클 때 진실과 거짓의 간극은 크다.

가짜 뉴스라고 하기는 애매하지만, 그렇다고 진짜 뉴스 영역에는 포함시킬 수 없는 것들도 적지 않다. 우선 풍자(satire)가 있다. 풍자는 정치·사회의 모순이나 부조리를 유머와 함께 변형시켜 이야기하는 표현 기법이다. 풍자를 비판적 저널리즘의 한 장르로 보는 견해도 있다. 이 때 풍자적 뉴스는 표현의 자유에 속한다.

풍자적 뉴스는 종이 한 장 차이로 풍자적 가짜 뉴스가 되기도 한다. 보기에 따라 가짜 뉴스가 되었다가, 단순 풍자가 되었다가 한다.

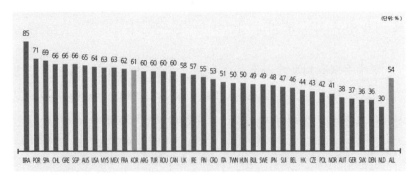

허위정보 및 가짜 뉴스에 대한 국가별 우려 정도 (자료: 한국언론진흥재단)

루머(rumor)와 오보(false report)도 가짜 뉴스와 경계에 있다. 루머라고 하면 잘못된 정보와 의도적으로 퍼뜨린 가짜 정보를 떠올린다. 하지만 모든 루머가 허위인 것은 아니다. 루머 또한 뉴스 가치가 있을 때 빠른 속도로 확산되며, 나중에 사실로 판명 날 때도 있다. 결국 뉴스와 루머의 차이는 사실여부를 검증했느냐에 있다. 다만 루머는 뉴스 형식을 갖추지 않은 채 메시지로만 확산되는 경향이 있다.

오보(誤報)는 언론 보도의 포괄적 실수를 의미한다. 가짜 뉴스와는 엄연히 다르지만, 일반 뉴스 소비자들은 종종 혼동한다. 둘을 한 묶음으로 생각한다.

하지만 가짜 뉴스와 오보는 본질적으로 다르다. 가짜 뉴스가 의도적으로 없는 사실을 지어낸 것이라면, 오보는 사실이 아닌 내용을 사실인 것으로 잘못 알고 보도한 것이다. 가짜 뉴스가 고의성이 있다면, 오보는 고의성이 없다.

2017년 9월 12일 '240번 버스 사건'이 인터넷에서 뜨거운 논란을 일으켰다. 서울시내 240번 버스 운전기사가 아이만 내리고 어머니가 내리지 않은 상황에서 출발한 뒤 버스를 세워 달라는 어머니에게 욕설을 하는 것을 목격했다는 글이 한 커뮤니티에 올라왔다. 이에 분노한 네티즌들이 버스기사를 강하게 비난하는 글을 올리면서 240번 버스는 실시간검색어 상위에 올랐고, 언론은 이를 받아쓰기에 바빴다. 사실 운전기사는 규정대로 정차했고, 아이가 버스에서 내린 걸 어머니가 뒤늦게 알아차린 것이었다. 언론이 사실관계를 제대로 파악하지 않고 잘못 보도한 것이었으나, 사람들은 이를 가짜 뉴스로 여겼다.

가짜 뉴스에 대한 일반의 인식은 대체로 강경하다. 독일에서처럼 강력 처벌하기를 희망한다. 독일은 가짜 뉴스 범죄에 대해 징역 5년 또는 최대 600억 원의 벌금을 부과하기로 해 다른 나라보다 이 문제를 심각하게 받아들이는 분위기다.

현재 우리나라에서 가짜 뉴스를 처벌하는 데 딱 들어맞는 법규는 없다. 과거에는 전기통신기본법 47조 1항에 "공익을 해할 목적으로 전기통신설비에 의해 허위의 통신을 한 자"를 처벌한다는 내용이 있었다. 이 법규는 2008년 금융위기 때 "한국 정부가 기업에 달러 매수를 금지하라는 내용의 공문을 전송했다."는 허위 글을 인터넷에 올린 혐의로 미네르바를 구속할 때 적용됐다. 그러나 이 법규에 나와 있는 '공익을 해할 목적'이라는 표현이 명확성 원칙에 위배된다는 점에서 헌법재판소에서 위헌 판정을 받아 폐지됐다.

이 때문에 가짜 뉴스로 인한 피해 범위가 사회 일반에 널리 퍼지는 상황에서 규제 방안이 미흡하다는 지적이 나오는 게 사실이다.

물론 가짜 뉴스에 대한 법적 대응의 길이 전혀 없는 것은 아니다. 가짜 뉴스로 인격권이 침해당했다면 형법 또는 정보통신망법에 의해 명예훼손으로 처벌을 요구할 수 있다. 해당 뉴스가 네이버와 같은 포털에 돌아다니면 포털에 해당 게시글을 삭제 또는 차단해달라고 요구할 수 있다. 이 경우 포털 같은 인터넷서비스사업자는 지체 없이 삭제하거나, 30일간 블라인드 처리하는 임시조치를 반드시 하도록 돼 있다.

다만 이 제도는 피해자 구제차원에서 시행된다는 점을 기억할 필요가 있다. 당사자가 아닌 제3자는 가짜 뉴스라는 이유로 임시조치를 요구할 권리가 없다.

가짜 뉴스 문제를 법적 규제로 해결하는 데는 어차피 한계가 있다. 처벌 대상의 가짜 뉴스를 가려내는 일도 만만치 않지만, 정부가 개입하는 순간 검열 논란이 이는 등 또 다른 문제로 번질 수도 있다. 독일에서도 처벌 대상을 혐오발언이라는 특수한 맥락에 초점을 맞추고 있다.

결국 민간의 자율규제를 통해 시장에서 걸러지도록 하는 게 현실적 대안이다.

여기서 두 가지 차원의 대안을 생각할 수 있다. 하나는 언론사, 다른 하나는 뉴스 소비자 차원이다.

특정 뉴스가 가짜인지 진짜인지 가려내는 일은 언론이 잘한다. 뉴스에 대한 전문성이 있기 때문이다. 그 전문성을 바탕으로 일반인에 알기 쉽게 풀어주는 일을 팩트 체크(Fact check)라 한다.

2017년 대선 때 서울대 언론정보연구소는 23개 언론사와 협력해 SNU 팩트 체크라는 플랫폼을 개발해 서비스를 시작했다. 정치인이 논란의 소지가 있는 발언을 했을 때, 어디까지가 사실이고 어디까지가 허위인지 언론사가 검증하고, 그 결과를 플랫폼에 게시하는 방식이다. 판정은 사실, 대체로 사실, 절반의 사실, 대체로 사실 아님, 전혀 사실 아님, 판단 유보 등 6가지 등급으로 매겨진다.

선거 때 개발된 플랫폼은 선거 이후에도 상시 운용된다. 네이버 뉴스페이지에 가면 오른쪽 상단에 팩트 체크라는 메뉴가 보인다. 여기를 누르면 SNU 팩트 체크를 접할 수 있다.

예를 들어 지방선거를 앞두고 한국 거주 외국인의 투표권 문제에 대해 왈가왈부 논란이 있다고 하자. 어느 뉴스를 보면 가능한 것 같고, 다른 뉴스를 보면 불가능한 것 같아 혼란스럽다. 이 때 팩트 체크는 공직선거법 규정을 세밀하게 살펴 "한국 영주 체류 자격을 취득한 지 3년이 경과된 외국인은 지방선거에 한해 선거권이 있다."며 '절반의 사실'이라고 판정하는 식이다.

정치·사회적 뉴스만 체크하는 것은 아니다. 2018년 여름 기록적인 폭염이 이어지면서 대구와 아프리카를 합쳐 대프리카, 서울과 아프리카를 합쳐 서프리카라고 하는 신조어가 언론에 등장했다. 이 표현이 적절한지에 대한 팩트 체크도 흥미롭다.

연합뉴스가 검증한 결과, 아프리카에는 사막이나 북부 일부 지역을 제외하면 한국보다 오히려 기온이 낮은 지역이 많아 신조어가 적절치 않다는 판단이 나왔다. 이에 '대체로 사실 아님' 판정이 내려졌다.

어떤 뉴스를 보고 "이거, 과연 사실일까?" 하는 의문이 든다면, 한번쯤 팩트 체크를 떠올리는 게 좋다. 언론에서 명예를 걸고 하는 검증인 만큼 판정을 믿어도 좋다.

가짜 뉴스 문제를 기술적으로 해결하려는 움직임도 눈길을 끈다. 미국 스탠포드대 나이트 저널리즘 펠로십(John S. Knight Journalism Fellowships at Stanford)에서 개발 중인 뉴스 품질 측정 프로젝트(The News Quality Scoring Project)는 뉴스 기사에 1~5점의 점수를 매겨 높은 품질의 기사에 더 많은 보상을 주는 시스템이다. 기사 점수는 알고리즘에 따라 자동으로 매겨진다. 좋은 기사, 나쁜 기사 등으로 분류된 뉴스 기사 100만 개 정도를 학습하면 점수 매기는 알고리즘이 가능할 것으로 본다.(오세욱·정세훈·박아란, 2017)

하지만 뉴스의 사실여부를 기계가 자동으로 판단한다는 것은 지난한 과정일 수밖에 없다. 적어도 가까운 시일 내에 현실화할 것 같지는 않다. 더구나 한국어는 자연어 처리에 따른 기술적 어려움도 크다.

미국의 비영리 언론인 재교육 전문기관인 포인터 연구소(Poynter Institute)는 가짜 뉴스를 식별하는 10가지 방법을 다음과 같이 제시한다. 영문기사에 해당하는 것이지만, 뉴스 식별이라는 본질은 같기 때문에 우리에게 적용해도 큰 무리가 없다.

1. 웹 주소를 확인하라. 가짜 뉴스는 abcnews.go.com처럼 정상적인 사이트 주소를 교묘하게 변경하는 경우가 많다.
2. 사이트의 이름을 검색해보라. 가짜 뉴스 사이트들은 이미 다른 곳에서

의심스러운 곳으로 등록된 경우가 많다.

3. 시각적 단서를 찾아보라. 가짜 뉴스는 기존 언론사의 로고를 교묘하게 비트는 경우가 많다.

4. 너무 많은 광고가 있을 경우 조심하라. 가짜 뉴스에는 팝업이나 플래시 광고 등이 많다.

5. 작성일시, 기자명, 하이퍼링크 등 출처, 제목과 본문의 일치도 등 기존 뉴스 형식을 갖추고 있는지 확인하라.

6. 뉴스 사이트에 소개(about) 페이지가 있는지 확인하라. 정상적인 뉴스 사이트에는 대부분 소개 페이지가 있다.

7. 뉴스 속 주요 이미지를 구글 이미지 검색을 통해 검색해 보라. 만약 조작된 이미지라면 구글 이미지 검색결과가 다양한 사례를 보여줄 것이다.

8. 뉴스 사이트가 언제 어디서 등록했는지 확인하라. whois.icann.org 혹은 who.is 등을 통해 url을 검색하면 정보가 나온다.

9. 특정 주장들의 사실여부를 확인하라. 다른 뉴스들에서 비슷한 내용을 다룬 적이 없다면 우선 의심해보라.

10. 너무 자극적이거나 감정적 제목에 주의하라. 조작된 뉴스일수록 제목을 거창하게 단다.

뉴스 잡아먹는 어뷰징

어뷰징(abusing)은 뉴스 소비자들에게 낯선 단어다. 남용, 오용, 폐해 등을 뜻하는 영어라는 것 이상은 거의 알지 못한다.

하지만 언론계에서 어뷰징이라면 모르는 사람이 없다. 언론계 주변에서 얼마간이라도 일해 본 사람이라면 누구나 한번쯤 경험하고 느꼈을 문제가 어뷰징 문제다. 전문가들 사이에선 더 절실한 문제다. 뉴스 생태계, 포털 저널리즘, 언론 윤리와 같은 언론계 현안을 이야기할 때 어뷰징은 빼놓을 수 없는 핵심 의제다. 어뷰징을 주제로 한 연구 논문도 여러 편 나와 있다. 그만큼 뜨거운 이슈다.

이렇게 와글와글한 이슈를 소비자들은 어떻게 모를 수 있을까? 어뷰징 문제의 본질이 여기에 담겨 있다.

뉴스 어뷰징이란, 뉴스 생산자가 거의 같은 기사를 제목이나 내용 일부만 바꿔 반복 전송하는 것을 말한다. 반복 전송하는 이유는 물론 트래픽 때문이다. 포털에서 기사 노출빈도를 높이고 검색 클릭수를 늘려 광고수익을 올리기 위함이다.

트래픽을 늘려서 광고수익 증대를 꾀하는 행위 자체는 비난할 게 못된다. 인터넷 세계에서 트래픽은 비즈니스 규모를 말해주는 단위 척도다. 언론사도 비즈니스 측면에서 수익을 내야 지속할 수 있다. 뉴스 콘텐츠를 가지고 트래픽 경쟁을 하는 것은 세계 어느 언론에서도 하는 일이다.

문제는 정당성이다. 오로지 트래픽만을 위해 언론으로서 지켜야 할 저널리즘적 가치를 저버리고 불공정 행위를 서슴지 않는다는 데 문제가 있다.

어뷰징은 중소규모의 연예 스포츠 전문 언론에서 많이 볼 수 있다. 그러나 대형 언론사라고 해서 어뷰징 문제에서 자유로운 것은 아니다. 어떨 땐 오히려 대형 언론사들이 어뷰징에 더 적극적이다.

뉴스 소비자들이 어뷰징이란 단어를 생경하게 느끼는 것은 어뷰징 문제가 좀처럼 언론에 나오지 않기 때문이다. 언론은 자신들의 부끄러운 민낯이 드러나는 것을 꺼려 뉴스 소비자들에게 알리고 싶어하지 않는다. 겉과 속이 다른 언론의 불공정 행위에 뉴스 소비자들은 영문도 모른 채 피해를 입고 있는 꼴이다.

어뷰징은 뉴스 소비가 인터넷 포털을 중심으로 이뤄지면서 생겨난 현상이다. 앞에서 살펴보았듯이 우리 국민의 70%는 뉴스를 포털에서 소비한다. 포털에 게시된 뉴스, 즉 인링크 뉴스를 소비하기도 하고, 원하는 뉴스를 검색창에서 검색해 나타나는 아웃링크 뉴스를 소비하기도 한다.

인링크든, 아웃링크든 뉴스가 게재되는 공간은 한정적이다. 제한된 화면의 상단에 게시되면 소비자의 클릭 선택을 받지만, 하단에 깔리면 외면당하기 쉽다. 만약 스크롤을 몇 차례 내려야 볼 수 있는 끄트머리에 배치돼 있다면 그 뉴스는 시장에서 버려진 것과 다름없다. 아무도 쳐다보지 않는다.

시장 상황이 이렇다 보니 인터넷 뉴스 생산자들은 어떻게 하면 자사 뉴스가 포털 화면의 상단을 점령할 수 있을지에 골몰한다. 이게 어뷰징의 출발점이다.

정상적이라면 뉴스 하나를 생산하는 데 상당한 시간이 필요하다. 하지만 시장에서 잘 팔리는 상품은 다른 무엇도 아닌 포털 화면의 앞자리에 배치된 뉴스다. 뉴스 품질에 신경 쓰기보다 화면 상단의 자리를 차지하는 게 급선무다. 이를 위해 온갖 수단과 방법이 동원된다.

포털에서 뉴스 배열을 할 때 적용하는 중요한 기준 중 하나가 시의성이다. 시의성 높은 뉴스를 화면 상단에 배열한다. 언론사에서 포털에 보낸 송고시간을 따져 최신 뉴스를 상위에 노출시킨다. 이건 알고리즘을 들먹일 필요도 없이 뉴스 서비스를 하는 사이트라면 기본 중의 기본이다. 어뷰징은 이 기준을 역이용한다.

최신 뉴스가 되려면 가장 최근에 전송되면 된다. 그러면 포털 화면 맨 앞의 1등 자리를 차지할 수 있다. 하지만 조금 뒤 다른 뉴스가 들어오면 그게 최신 뉴스가 된다. 1위 자리바꿈이 일어난다. 포털에는 분초를 다투어 최신 뉴스가 끝없이 밀려든다. 여기서 밀리지 않으려면 최신 뉴스를 끊임없이 송출해야 한다. 그런데 진짜 뉴스를 생산할 시간과 여력은 없다. 종전 뉴스를 다시 보내 눈속임이라도 해야 한다. 똑같은 걸 다시 보내면 들킬 우려가 있으니 단어 하나 살짝 바꿔서 보낸다. 그럼 알고리즘은 새로운 최신 뉴스로 인식한다. 이게 동일 뉴스의 반복 송출이자, 어뷰징의 전형이다.

어느 언론사에서 특종 뉴스를 포털에 전송했다고 하자. 해당 뉴스는 포털 화면 1등 자리에 오르고 클릭이 집중된다.

이 때 다른 언론에서 "한 매체 보도에 따르면"이라는 두루뭉술한 인용 표현을 달고 그 특종 뉴스를 신속하게 베껴 쓴다. 그런 다음 재빨리 포털에 전송한다. 이렇게 되면 원래의 특종 기사는 아주 잠깐 동안만 1등 자리에 있을 뿐, 금세 밀려난다. 1등 자리에는 베껴 쓴 기사가 떡 하니 올라간다.

이걸 본 제2, 제3의 언론이 같은 방법으로 기사를 베껴 포털에 전송한다. 1등 자리 다툼이 치열해진다. 경쟁이 치열해질수록 줄기차게 내보내는 언론, 즉 어뷰징이 승리한다. 금융 시장에 '악화(惡貨)가 양화(良貨)를 구축(驅逐)한다.'는 말이 있는데 뉴스 시장에서도 나쁜 뉴스가 좋은 뉴스를 밀어내는 셈이다.

인터넷 언론사를 배경으로 한 영화에 보면 기자들 사이에 쓰는 은어로 "우라까이"라는 말이 나온다. 선임 기자가 후임 기자에게 뉴스를 던져주며 "이거 적당히 우라까이 좀 해" 하고 지시하는 식이다. 여기서 보듯 우라까이는 다른 기사를 보고 베껴 쓰는 것을 가리키는 말이다. '뒤집다'라는 뜻의 일본말 우라까에스에서 나온 것으로 추정되는데, 언론계에선 인터넷 시대 이전부터 써 오던 말이다. 이 우라까이가 포털 시대 들어 어뷰징의 전형이 된 것이다.

어뷰징은 날로 진화한다. 포털에서 어뷰징 방지대책을 세우면 어뷰징 사업자들은 그걸 피해가는 신종 수법을 어느새 개발한다. 창과 방패의 싸움이다. 그 와중에 어뷰징의 유형은 늘어만 간다.

네이버 뉴스검색 코너에 가면 '최신순'과 함께 '관련도순'이라는 항목이 보인다. 관련도순은 최신순 뉴스 배치가 불러오는 기사 베끼기 어뷰징의 방지 대책으로 나온 방안이다. 무조건 최신 기사보다 뉴스를 검색하는 사람이 필요로 하는 뉴스, 즉 목적에 부합하는 기사를 상위에 노출시킨다는 취지다. 관련도 순 배열에서는 5시간 전에 송고된 뉴스가 5분 전에 송고된 뉴스보다 앞자리를 차지하는 일이 비일비재하다.

하지만 트래픽에 목을 매는 어뷰징 생산자들은 알고리즘의 허점을 찾아내는 데 뛰어난 재주가 있다.

이들은 관련도순으로 노출되는 뉴스를 분석한 끝에 키워드가 많이 포함된 기사가 검색 상위에 오른다는 사실을 알아냈다. 그렇다면 키워드를 많이 집어넣어 뉴스를 만들면 되겠네, 이게 어뷰징 생산자들의 판단이다.

이때부터 뉴스 제목과 본문에 검색 키워드를 단순 반복·나열하는 기사가 대량 생산돼 포털에 송고된다. 이들 기사는 실제로 알고리즘에서 관련도 높은 뉴스로 판정받아 상위에 노출된다. 키워드 어뷰징의 성공이다.

키워드 어뷰징은 실시간 급상승 검색어와 결합해 성행한다. 실시간 검색어는 그때그때 인터넷에서 검색량이 많은 단어를 보여주는 서비스다. 실시간 여론의 관심사를 키워드로 보여준다는 점에서 나름 의미 있다는 게 네이버 주장이다.

하지만 대개는 반짝 관심에 그치는 단순 검색 결과일 뿐이다. 예를 들어 학기 초 대학에서 수강신청이 시작되면 대학교 이름이 줄줄이 실시간 검색어에 오른다. 신한대, 또는 신한대 종합정보시스템이란 단어도 이 시기 실검에 오른다. 이런 검색 단어가 여론 흐름의 일단을 보여주는 지표가 된다고 어떻게 말할 수 있는지 의문이다.

문제는 실시간 검색어가 호기심을 자아낼 때다. 연예 스포츠계 명사들이 검색어에 오르면 사람들은 "이게 무슨 내용이지?" 하며 검색창에 해당 키워드를 넣고 뉴스 검색을 해본다. 너도 나도 검색하다보면 해당 뉴스 조회 수가 급증한다. 그렇게 되면 검색어는 점점 핫 이슈가 되어 실시간 검색어 중에서도 상위로 치솟는다. 이걸 본 어뷰징 전문가들은 실시간 검색어를 넣어 없던 뉴스를 지어낸 다음 포털에 다시 전송한다. 이젠 그렇게 급조된 어뷰징 뉴스가 노출 상위 자리를 차지한다. 뉴스가 실검을 낳고, 그 실검이 다시 뉴스를 낳는 악순환이 한동안 계속된다.

물론 여기서도 뉴스의 품질은 신경 쓰지 않는다. 해당 키워드가 많이 들어가기만 하면 된다. 특히 기사 도입부와 말미에 실시간 검색어를 단순 반복해 나열하면 완성도 높은 기사로 알고리즘이 인식한다는 것을 어뷰징하는 사람들은 알고 있다.

사례 1)

'아시안게임 예매'란 단어가 실시간 급상승 검색어에 올랐을 때 한 연예 매체가 포털에 송고한 기사를 보자. 제목부터 '아시안게임 예매, 야구 축구 예매 시작 온라인 후끈'이라고 해 실시간 검색어를 반영하고 있다. 본문이라고 해야 5~6문장밖에 안 되는데 마지막 문장은 이렇게 돼 있다.

> "아시안게임 예매 소식에 누리꾼들은 '아시안게임 예매, 드디어 야구 티켓 전쟁 벌어지나', '아시안게임 예매, 서둘러서 좋은 좌석 맡아야지', '아시안게임 예매, 이제 대회 얼마 안 남았구나' 등의 반응을 보였다."

무슨 말인지 이해가 안 가는 문장이다. 그런데 기사를 급히 베껴 쓰다가 잘못 쓴 문장이 아니다. 어뷰징 업계에선 척 보면 안다. 뉴스 소비자에게 는 '아무말 대잔치'로 비칠지 몰라도 알고리즘을 속이는 지능적인 어뷰징 이다.

사례 2)

2015년 11월 개그맨 정형돈이 불안장애가 악화돼 진행하던 프로그램에 서 하차한다는 뉴스가 나왔다. 뉴스의 성격상 빠른 속도로 인터넷에 퍼져 나갔다. 그런데 한 인터넷 신문에 "불안장애 정형돈, 안정환 '애는 어떻게 낳았냐' 일침 날려"라는 제목의 뉴스가 떴다. 제목을 보아서는 무슨 말인 지 알 듯 말 듯 하다.

클릭해 보면 그해 1월 방송된 예능 프로그램에서 정형돈이 안정환과 발 씨름을 해서 졌는데, 그때 안정환이 웃으면서 "힘 진짜 없네. 아기는 어떻 게 낳았대"라고 말했다는 내용이다. 10개월 전 얘기를 맥락 없이 묶은 것 이다. 이 기사 말미에도 아무말 대잔치가 벌어진다.

"'불안장애' 정형돈 소식에 누리꾼들은 '불안장애' 정형돈 힘내세요, '불안 장애' 정형돈 파이팅, '불안장애' 정형돈 어쩌다가...등의 반응을 보였다."

사례 3)

제목을 살짝 바꿔 반복 송출하는 유형도 있다. 2014년 7월 홍명보 전 축구 국가대표 감독의 사퇴 기자회견이 열렸을 때, 한 언론사는 오전 11시 부터 10분간 15건의 기사를 송출한다. 기사는 네이버 화면에 여섯 줄 정도 의 길이로 내용은 사실상 같다. 아주 조금 다른 것은 제목이다.(최수진· 김정섭, 2014) 예를 들면 이런 식이다.

- 홍명보 감독, 감독직에서 물러나겠습니다.
- 인사하는 홍명보 감독, 사퇴하겠습니다.
- 사퇴 홍명보 감독, 흔들리는 축구협회
- 홍명보 감독, 사퇴 기자회견 입장
- 흔들리는 축구협회, 홍명보 감독 사퇴
- 홍명보 감독, 사퇴하겠습니다.

뉴스 소비자가 보기에 왜 제목을 바꿔야 하는지 이유를 알 수 없다. 아 무리 살펴보아도 그 말이 그 말이다. 10분에 15번이나 바꿔가면서 송출해 야 하는 까닭을 어뷰징을 모르는 사람은 도저히 이해할 수 없다.

사례 4)

네이버 어학 사전에 보면 '기—승—전—유승옥'이란 괴이한 단어가 나온 다. "뉴 호라이즌스 호가 명왕성에 접근했다는 소식을 듣고 모델 겸 배우 유승옥이 보인 반응, 즉 아무 연관이 없는 두 대상을 하나에 연관시키면서 기사화한 현상"이라고 풀이돼 있다. 어느 기자가 유승옥과 전혀 관련 없는 뉴스에 유승옥을 집어넣어 기사를 쓴 사실이 드러나 화제가 되면서 어학 사전에까지 오른 것이다.

그는 태풍이 북상하는 기사에는 "유승옥의 태풍도 비켜갈 듯한 환상적 몸매가 눈길을 끌고 있다."고 쓰고, 학점계산기 관련 기사에는 "유승옥이 최근 학점계산기라는 프로그램이 있다는 사실을 보고 신기해했다."고 쓴다.

이 신종 어뷰징 수법이 인터넷에서 톡톡히 효과를 나타내자 유승옥 대신 다른 연예인 이름을 넣은 어뷰징도 나왔다. 이를 '기승전연예인' 어뷰징으로 분류한다.

사례 5)

기사 쪼개기 어뷰징, 엎어치기 어뷰징이란 것도 있다.

키워드가 같고 내용까지 유사한 기사는 포털 알고리즘에 의해 같은 클러스터로 묶이게 된다. 하나의 클러스터에 여러 개 기사가 들어있으니 노출 순위 경쟁이 빡빡하다. 이걸 피하는 방법이 기사를 많이 만드는 것이다. 하나의 기사를 소주제별로 나누고, 문단별로 나눈다. 한 기사를 여러 개 기사로 나누면 노출 확률이 높아진다. 이게 기사 쪼개기다.

엎어치기 어뷰징은 포털의 알고리즘이 최초 보도에 가중치를 두는 원리를 역이용한 것이다.

2015년 6월 북한군 한 명이 군사분계선을 넘어 귀순한 사건이 발생했다. 그날 아침 군에서 기자 브리핑이 있자 실시간 검색어에 북한군 귀순이 올라왔다. 키워드 어뷰징이라면 북한군 귀순이란 단어를 집어넣은 기사를 재빨리 만들어 송출한다. 하지만 뛰는 자 위에 나는 자가 있다.

어느 매체는 포털에 이미 전송한 기사의 제목과 본문을 지우고 실시간 검색어를 넣어 새로 작성한 다음 재전송했다. 이렇게 하면 제목과 내용은 달라지지만 기사 URL은 변함이 없다. URL에 표기된 기사 입력시간은 사건발생 시점보다도 이르다. 그런데 알고리즘은 최초 보도에 가중치를 둔다. 사건이 일어나기도 전에 기사를 쓴 셈이니, 최초 보도 자리는 따 놓은 당상이다. 어떤 기사는 사건발생일보다 하루 먼저, 다른 기사는 9일 먼저 작성한 것처럼 표기됐다. 엎어치기 어뷰징이 '예언기사'를 낳은 것이다.

어뷰징 잡는 뉴스제휴평가위원회

어뷰징은 뉴스가 있어야 할 자리에 쓰레기를 버리는 것과 같은 행위다. 쓰레기가 쌓이면 뉴스는 쓰레기 더미에 파묻혀 존재감을 상실한다. 뉴스를 구매하러 시장에 나간 소비자가 뉴스 대신 쓰레기를 섭취하는 어처구니없는 일이 벌어진다. 어뷰징은 한국 인터넷 뉴스시장을 좀먹는 암적 존재다.

시장 질서를 어지럽히고 소비자 권익을 침해하는 행위는 엄벌에 처해야 마땅할 것 같다. 하지만 어뷰징을 법으로 제재하는 것은 마땅치 않다. 제재할 수 있는 현실적 수단도 없지만 자칫 언론을 위축시키는 부작용을 부를 수도 있다. 그래서 나온 게 민간 기구에 의한 자율제재 시스템이다. 2016년부터 운영되고 있는 뉴스제휴평가위원회가 그것이다.

뉴스제평위는 포털과 제휴를 맺고 뉴스를 제공하는 모든 언론사를 심사·평가한다. 평가에서 부정행위가 드러난 언론사에는 벌점을 부과하는 방식으로 제재를 가하고, 정도가 심하면 제휴 자체를 해지해 포털에서 퇴출시킨다.

뉴스제평위가 심사하는 것은 포털과 언론사가 맺은 계약 조건이다. 계약사항 중 하나인 어뷰징 금지 조항을 언론사가 얼마나 준수하고 있는지가 심사의 초점이다.

뉴스제평위는 두 포털사, 즉 네이버와 카카오가 주체가 되어 만든 기구다. 하지만 위원회 구성은 이해당사자를 두루 포함하는 사회적 기구 성격으로 돼 있다. 신문협회와 방송협회, 언론진흥재단, 언론학회, 온라인신문협회, 인터넷신문협회, 케이블TV방송협회, 경제정의실천시민연합, 대한변호사협회, 기자협회, 언론인권센터, 인터넷신문위원회, 소비자연맹, 신문윤리위원회, YWCA 연합회 등 15개 단체에서 2명씩 추천하는 30명으로 구성된다. 규제의 주체라 할 수 있는 포털은 평가위원회에서 빠져 있다. 공연한 시비를 피하기 위해 제3기구의 손을 빌리는 모양새다.

뉴스제평위가 내리는 명령은 언론사에 거의 절대적이다. 실제 2018년 7월 국내 최대 신문사가 어뷰징 방지규정을 어긴 사실이 드러나 뉴스제평위로부터 '48시간 노출 중단' 제재를 받은 적이 있다. 노출중단이란 포털에 기사가 안 보이게 하라는 뜻이다. 이 명령에 따라 해당 신문사는 7월 말 어느 시점을 잡아 네이버와 다음에 보내던 뉴스 송출을 48시간동안 중단했다. 이 기간 동안 해당 신문의 기사는 양대 포털에서 열람할 수도, 검색할 수도 없었다. 전통의 유력 신문이 뉴스 시장에서 일시적이나마 원치 않는 강퇴(강제 퇴장)를 당한 것이다.

뉴스제평위가 어뷰징 단속에 나서면서 뉴스 시장이 맑아졌다는 얘기가 나온다. 노골적인 어뷰징은 눈에 띄게 줄었고, 소비자 불만도 누그러들었다. 하지만 다른 한편에서는 뉴스제평위가 군소매체에 엄하고 대형 언론사에 관대하다는 볼멘소리도 나온다. 뉴스제평위에 지금 필요한 것은 공정성이고 중립성이다.

뉴스 같은 광고, 광고 같은 뉴스

드라마나 영화에 보면 극의 흐름과는 상관없이 특정 브랜드의 상품이 노출될 때가 있다. 이런 상품은 주인공이 움직이는 곳곳에 배치되어 시청자 눈에 쏙쏙 들어온다. 이게 PPL(Product Placement)이라는 이름의 간접광고다.

PPL은 TV 시청자라면 누구나 아는 광고의 한 기법이다. 유튜브에 가면 'PPL 무리수 모음'이라는 식으로 시청자들이 집어낸 PPL 장면들이 주르르 뜰 정도로 우리에게 익숙하다. 일정한 한도 내에서라면 PPL은 방송법에 허용돼 있기도 하다.

뉴스라면 어떨까. 뉴스 기사에 특정 브랜드 상품이 끼어든다면 우리는 수용할 수 있을까. 얼핏 생각해도 안 될 것 같다. 뉴스에 PPL을 허용한다면 뉴스 신뢰도가 흔들릴 것이기 때문이다. 사실 방송법에서 허용하는 PPL도 오락과 교양 분야에 국한돼 있을 뿐, 시사·보도·논평·토론 프로그램에서는 허용되지 않는다.

그런데 신문, 또는 인터넷 신문에선 사정이 조금 애매해진다. 뉴스와 광고의 경계가 갈수록 흐릿해지고 있기 때문이다. 얼핏 보면 뉴스 같고, 뒤집어 보면 PR이나 광고 같은 콘텐츠가 날이 갈수록 늘어간다.

기사 형식에 광고 정보를 담은 메시지를 기사형 광고라고 한다. 언론에서는 광고형 기사라 부르기도 한다. 어느 쪽이든 광고를 기사처럼 보이게 해 신뢰를 얻고자 하는 수법이다.

기사형 광고는 1950년대 미국 잡지에서 시작되어 세계 여러나라에서 애용돼 온 수법이다. 우리나라에서는 의료 잡지와 여성 잡지에서 흔히 볼 수 있었다. 그러다 신문사 경영이 어려워지면서 신문에도 다양한 형태의 기사형 광고가 등장한 것이다.

2016년 9월 청탁금지법(김영란법)이 시행된 이후 국내 신문은 전에 없던 지면을 선보였다. 어느 지면 상단에 보니 advertorial page 또는 advertorial section이라는 영어단어가 있는 것이다. 여기에는 두 가지 공통점이 있다. 한글은 없고 영어만 있다는 점, 그 영어가 각 지면 상단 또는 귀퉁이에 아주 작은 글씨로 표기돼 있다는 점이다. 이건 보수신문이든, 진보신문이든 가릴 것 없이 똑같다. 가급적이면 독자들 눈에 안 띄었으면 하는 바람이 담겨 있음을 짐작할 수 있다.

애드버토리얼은 광고를 뜻하는 애드버타이즈먼트(advertisement)와 편집기사를 뜻하는 에디토리얼(editorial)의 합성어다. 우리말로 하면 이게 기사형 광고 또는 광고형 기사다.

종이신문에 등장하는 애드버토리얼은 대개 별지로 제작돼 나온다. 페이지나 섹션이라는 말은 그래서 붙은 것이다.

별지로 나오는 애드버토리얼의 구성은 대개 비슷하다. 프런트 페이지에는 순수한 기획기사가 실려 있다. 이 기사에는 특정 상품이나 브랜드를 홍보하는 광고성 내용이 없다. 광고 기사는 다음 지면부터 나온다. 별지가 한번 제작될 때 4~8면으로 구성된다고 하면, 앞의 1면은 기사이지만, 2면 이후부터는 광고 내용으로 채워지는 것이다.

예를 들어 '상생경영'을 주제로 한 기획기사를 프런트 지면에 싣고, 다음 면에 현대차그룹, SK그룹, LG그룹, 롯데그룹, 이마트, 한화그룹, GS그룹, 포스코 등의 기업별 기사를 차례로 싣는다. 같은 방식으로 '글로벌경영'이란 주제의 기획기사를 프런트에 싣고 삼성전자, KT, CJ E&M, 효성 등의 기업별 홍보기사를 싣는 식이다.

종합일간지의 애드버토리얼 페이지 표기

이런 애드버토리얼은 인쇄 매체에선 그래도 구별하기가 크게 어렵지 않다. 신문지면 상단에 'advertorial'이라고 쓴 글씨는 깨알같이 작아도, 지면의 편집 모양을 보면 해당 기사가 광고 성격임을 어느 정도 짐작할 수 있다.

하지만 인터넷 공간에서는 전혀 다르다. 해당 기사가 인터넷에 오면 편집 모양은 사라지고 제목만 노출된다. 디지털 공간에서 제목 한 줄만 보고 광고인지, 기사인지 알 수 있는 길은 없다. 뉴스인 줄 알고 클릭했는데, 광고를 보게 되는 것이다.

포털 뉴스를 심사하는 뉴스제휴평가위원회는 신문지면에서 '애드버토리얼'이라고 명명한 콘텐츠는 포털의 뉴스 사이트로 전송하면 안 된다는 원칙을 세워놓고 있다. 뉴스 사이트 대신 보도자료를 모아 게재하는 보도자료 섹션으로 전송하라는 것이다. 한때 애드버토리얼을 뉴스페이지로 전송하다 적발되면 벌점을 매기겠다고 으름장을 놓기도 했으나, 대형 신문사들의 반발로 유야무야 됐다.

많은 언론사는 애드버토리얼 기사를 포털 뉴스 페이지로 전송한다. 뉴스 소비자가 해당 키워드로 검색하면 뉴스 섹션에서 노출된다. 소비자는 뉴스 기사로 오인해서 보게 된다. 광고가 뉴스로 둔갑하는 이런 경우는 인터넷 공간에서 거의 매일 일어난다.

물론 이는 법과 윤리에 명백히 어긋나는 일이다. 현행 신문법 제6조(독자의 권리 보호) 3항은 "신문, 인터넷 신문의 편집인 및 인터넷 뉴스 서비스의 기사 배열 책임자는 독자가 기사와 광고를 혼동하지 않도록 명확하게 구분해 편집해야 한다."고 규정하고 있다. 또 한국신문협회가 제정한 신문광고윤리강령과 실천요강에도 광고와 기사가 혼동되지 않도록 편집해야 한다는 규정이 있다.

하지만 처벌 규정은 없다. 과거에는 2,000만 원 이하 과태료에 처한다는 조항이 있었으나 2005년 신문법이 개정되면서 삭제됐다. 이 때문에 언론사는 신문기사 심의기관으로부터 시정 권고를 받아도 크게 신경 쓰지 않고 못 본 체 한다. 눈 한번 딱 감으면 들어오는 짭짤한 광고수입을 놓치고 싶지 않기 때문이다.

기사와 광고의 경계를 넘나드는 것은 애드버토리얼만이 아니다.

온라인 광고 때문에 짜증난 사람들은 애드블로킹(adblocking)이라는 광고차단 프로그램을 PC와 모바일에 설치할 수 있다. 이 솔루션을 깔면 광고 없이 온전히 뉴스만 볼 수 있다. 이용자는 편리하지만 광고주에는 최악이다. 블로킹을 넘을 대안이 필요하다. 여기서 나온 방안이 네이티브 광고(native advertising)라는 신종 광고다.

2015년 1월 인터넷 신문 허핑턴포스트에 '한국 여성의 외모 자존감이 낮은 이유 5가지'란 제목의 기사가 실렸다. 본문 기사는 이렇게 시작한다.

> "거울을 보자. 당신은 당신의 외모에 만족할까? 만족할 수 없을까? 부정할 수 없는 사실 하나. 자신의 외모에 대해 사람들은 남들보다 스스로 더 박한 평가기준을 갖는다는 것이다."

이 기사는 우리나라 여성들이 외모에 자존감을 느낄 수 없게 만드는 현실 사회를 5가지로 나눠 분석한다. 그런데 5가지 분석이 끝나갈 때까지 광고성 내용은 한 마디도 없다. 마지막 문단에 가서야 "만약 거울을 보고 자신에게 아름답다고 말해본다면 어떨까? 최근 SK-Ⅱ가 공개한 캠페인 영상에는 스스로에게 '나는 아름답습니다.'라고 말하는 여성들 모습이 차례로 담겼다."는 문장이 나온다. 이어 'SK-Ⅱ 당신을 아름답게 바꾸는 방법을 만나보세요.'라는 슬로건과 동영상이 보인다. 그제서야 소비자들은 콘텐츠의 정체를 알아차릴 수 있다. 네이티브 광고의 전형적인 모습이다.

사실 이 기사는 맨 상단에 'PRESENTED BY SK-Ⅱ'라는 표기가 있다. 네이티브 광고는 애드버토리얼과 달리 광고주 표시를 하는 게 원칙이다. SNS에 보면 'sponsored' 또는 'promoted'라는 표시가 달린 콘텐츠들이 유통되는데, 이게 모두 네이티브 광고다.

네이티브 광고가 새로운 수입원으로 인식되면서 언론사들이 다투어 제작에 뛰어들어 생산물이 여러 편이 나와 있다. 중앙일보가 LG전자 에너지 산업을 소개한 '가장 안전한 지구사용 설명서', 조선일보가 국방부 의뢰를 받아 제작한 'Touch The Sky-특전사 진짜 사나이들', 한겨레가 GS샵과 아름다운가게를 광고주로 해 만든 '특별한 취향을 가진 당신에게 가장 힙한 소비트렌드 5' 등이 대표적이다.

이들 네이티브 광고는 대개 텍스트+동영상이다. 카드뉴스나 VR영상으로 만들기도 한다. 어느 쪽이든 주로 SNS를 통해 유통된다. 젊은 시장을 공략하는 것이다.

소비자 눈에 잘 들어오지 않지만 네이티브 광고는 기사형 광고와 차이가 있다.

기사형 광고는 기사 형식의 문장에 작성기자 이름이 명기된다. 하지만 네이티브 광고는 콘텐츠 앞머리에 광고임을 밝힌다. 당연히 작성기자 이름은 없다. 광고 성격임을 분명히 하는 셈이다.

그렇지만 보는 이에게 주는 거부감은 적다. 소비자들은 광고라는 사실을 끝까지 눈치 채지 못하거나, 알면서도 흥미 있게 소비한다. 기사형 광고를 기사 같지 않은 기사라고 한다면, 네이티브 광고는 광고 같지 않은 광고인 셈이다.

본질이 달라지는 것은 아니다. 기사형 광고나 네이티브 광고나 외부 후원을 받아 제작한 홍보 목적의 상업 정보라는 점은 마찬가지다. 공정성과 객관성을 기본으로 하는 뉴스와는 엄연히 구분되어야 한다. 광고에 나온 정보를 객관성이 입증된 뉴스로 오인한다면 자칫 눈속임 정보에 현혹되어 잘못된 의사결정을 내리는 위험이 초래될 수도 있다.

이보다 더한 눈속임 기사도 있다. 네이티브 광고 형식을 띠면서도 외부 후원 표기를 아예 하지 않는 경우다.

2015년 10월 한 일간지에 '곤충 사업, 미래 신성장 동력으로 뜬다.'는 제목의 기사가 실렸다. 얼핏 보면 정보 가치가 있어 보이는 뉴스다. 기사 어디에도 광고표시가 없다. 게이트키핑을 거쳐 나온 뉴스와 겉보기에 차이가 없다.

하지만 알고 보면 농촌진흥청 요청에 따라 돈을 받고 쓴 홍보성 기사다.

당시 미디어오늘이 입수한 자료에 따르면 농진청은 곤충사업 홍보를 위해 4억 550만 원의 예산을 집행했다. 이에 따라 비슷한 홍보 기사가 66건 생산됐다.

이런 식의 홍보 기사는 농진청뿐만 아니라 다른 여러 기관에서도 생산한다. 정부 부처나 지방자치단체들도 언론과 계약을 맺고 홍보기사를 생산한다.

뉴스 시장에는 갈수록 뉴스 같은 광고, 광고 같은 뉴스가 넘쳐난다. 콘텐츠를 소비하면서 텍스트 한 줄, 영상 한 장면에 누군가의 숨은 의도가 깔려있을 지 모른다는 사실을 잊지 않는 것, 그게 뉴스에 속지 않는 지름길이다.

믿고 보는 뉴스

뉴스를 보면서 뉴스의 이면(裏面)을 헤아리는 것은 뉴스에 속지 않는 지름길이다. 현명한 뉴스 소비자가 갖춰야 할 기본 덕목 중 하나가 뉴스 뒤집어 보기다.

하지만 그렇다고 모든 뉴스를 무턱대고 불신하는 것은 오히려 위험하다. 뉴스를 불신하는 사람은 스스로 뉴스와 거리를 두게 되고, 그렇게 뉴스와 멀어지면 소통과 공감의 영역이 줄어 사회적 고립으로 이어진다. 뉴스 불신자가 많은 사회는 불안 사회이자 불건전 사회다.

영국 옥스퍼드대 부설 로이터저널리즘연구소(Reuters Institute for the Study of Journalism)에서 매년 발간하는 '디지털 뉴스 리포트 2018'에 따르면 우리나라 사람들의 뉴스 신뢰도는 세계에서 가장 낮다.

한국의 응답자는 "거의 항상 대부분의 뉴스를 신뢰한다."는 항목에 25%만 "그렇다."고 답했다. 4명 중 3명은 뉴스를 믿지 않는다는 얘기다.

'거의, 항상, 대부분'이라는 전제가 마음에 걸렸을 가능성이 높다. "뉴스를 항상 믿냐고? 에이 그건 아니지"하는 생각 말이다. 하지만 다른 나라에도 똑같은 설문이 주어졌다. 그런데 다른 나라에선 평균 44%가 뉴스를 신뢰한다고 응답했다.

우리의 뉴스 신뢰도는 조사대상 37개국 중 37위다. 한 해 전 36개국이 조사에 참여했을 때에는 36위를 차지했다. 뉴스 불신율에서 부동의 1위

국가가 한국인 것이다.

뉴스 신뢰도 상위권에는 핀란드, 포르투갈, 브라질, 네덜란드, 캐나다, 덴마크 등이 있고, 하위에는 그리스, 헝가리, 말레이시아, 체코, 대만 등이 있다. 이걸 보면 사회 안정과 뉴스 신뢰도가 어느 정도 비례하는 모양새다.

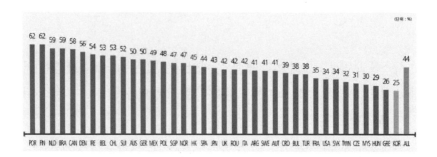

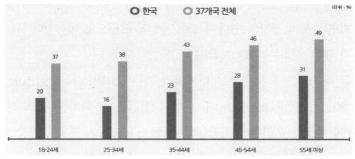

각국별 뉴스신뢰도와 연령대별 뉴스신뢰도 (자료: 한국언론진흥재단)

여기서도 주목되는 것은 연령대별 신뢰도다. 한국인은 18~24세에서 뉴스를 신뢰한다는 응답이 20%, 25~34세에선 16%로 37개국 평균치보다 훨씬 낮다. 우리나라 청년 10명 중 8~9명은 뉴스를 불신한다는 얘기다. 세계에 이런 나라가 없다. 왜 이렇게 됐을까.

한국의 언론이 권력과 자본에 유착되어 불공정 편파보도를 일삼고, 뉴스 어뷰징까지 하면서 신뢰를 상실한 것은 맞다. 세월호 대형 오보 이후 기레기(기자+쓰레기)라는 말까지 듣게 되었으니, 두 말할 나위가 없다.

하지만 그게 다일까. 모든 게 언론의 잘못 때문일까. 그렇게 말할 수는 없을 것 같다.

뉴스 시장을 구성하는 세 축은 언론과 포털, 그리고 소비자다. 뉴스 소비자를 떼어놓고 시장을 얘기할 수 없다. 시장에 문제가 있다면 소비자에게도 일단의 책임이 있다. 시장에선 공급이 수요를 낳기도 하지만, 수요가 공급을 부르기도 한다. 소비자가 양질의 뉴스를 찾으면 시장에는 양질의 상품이 쏟아지고, 소비자가 저급한 뉴스를 선호하면 시장에는 저급한 뉴스가 양산된다.

상품의 품질 문제를 날카롭게 지적하는 소비자에 대해 시장은 긴장하지만, 시장 자체를 이유 없이 불신하고 외면하는 소비자는 두려워하지 않는다. 한 예로 연예인 음모론을 보자.

2015년 3월 연예매체 디스패치가 수지와 이민호의 열애사실을 특종 보도하자 인터넷에 뜻밖의 반응이 줄을 이었다. 같은 날, 한국광물자원공사가 이명박 정부 시절 해외 자원개발 기업들에 2800억 원을 융자해줬다는 뉴스가 나왔는데, 정부가 이 비리뉴스를 덮으려고 두 사람의 열애설을 터뜨렸다는 것이다.

세간의 화제가 되는 뉴스 보도가 있을 때 정부가 뒤에서 조종하고 기획했을 것으로 의심하는 게 음모론이다. 배우 배용준과 박수진의 결혼, 서태지와 이지아의 이혼소송 같은 뉴스가 나올 때면 음모론은 어김없이 반복된다. "나라에 또 무언가 덮어야 할 일이 생겼구나."

음모론에 대한 청년들의 믿음은 필자가 직접 확인한 사실이다. 디스패치 연예인 보도가 나왔을 때, 대학생 20여 명에게 일일이 물어본 적이 있다. 솔직하게 대답해달라고 하자 학생들은 한 명의 예외도 없이 음모론을 믿는다고 답했다.

음모론은 사람 귀를 솔깃하게 만든다. "임금님 귀는 당나귀 귀" 같은 이야기가 입에서 입으로 전해질 때 사람들은 진위를 따지기보다 사실이라고 믿고 들어간다. 개인적으로 친분 있는 기자를 사석에서 만났을 때 "언론에 난 것 말고, 그 사건 진짜 어떻게 된 거야?"라고 묻는 심리와 비슷하다.

권력이 무슨 음모를 꾸밀지 모른다는 의심의 눈초리를 갖는 것은 권장하면 권장했지 나무랄 일이 아니다. 하지만 모든 뉴스를 의심의 눈초리로 보아야 할 이유는 없다. 청년들이 믿는 연예인 스캔들 음모론은 합리적 의심이라고 인정할 만한 타당한 근거가 없다.

연예인 음모론이 성립하려면 권력이 연예계와 언론을 100% 손에 넣고 쥐락펴락할 수 있어야 한다. 유명 연예인의 스캔들 정보를 손바닥처럼 들여다보고 있다가, 필요할 때 언제라도 언론을 동원할 수 있어야 한다. 그리고 관계자 누구도 어디 가서 발설하지 못하게 완벽하게 입을 봉해야 한다.

요즘 세상에 이는 아무리 권력의 힘이라 해도 불가능에 가깝다. 설령 가능하다 해도 실행에 따른 실익이 없다. 위험을 무릅쓰고 무리수를 두어서 권력이 얻을 게 없다. 한마디로 음모를 꾸미고 실행해야 할 이유가 없다. 음모론 자체에 논리적 결함이 있는 것이다.

앞에서 수지 이민호 뉴스로 덮으려 했다는 문제의 뉴스는, 광물자원공사가 해외 자원개발 기업에 2,800억 원 융자를 해줬다는 게 핵심이다. 이는 정부가 덮어야 할 비리와 아무런 상관이 없다. 경제신문 한 곳에서 겨우 2단 크기로 보도한 작은 뉴스일 뿐이다. 다른 연예인 보도가 나올 때 음모론으로 지목되는 사건도 따지고 보면 거의 비슷한 부류다.

우리나라에서 언론 불신을 가져오는 주범은 권력이 아니라 자본이다. 언론인에게 언론자유를 제한하는 요인이 무엇이냐고 물어보면 압도적으로 광고주를 꼽는다. 유·무형으로 가해지는 광고주 압박이 가장 크다는 것이

다. 지배구조상 정권의 영향권에 들어있는 방송사에서만 광고주와 정부·
정치권을 비슷한 요인으로 꼽는다.

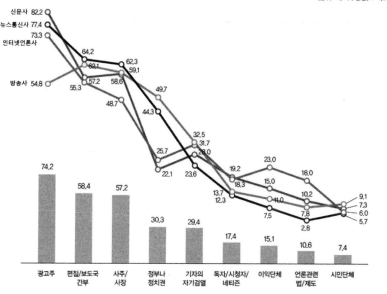

언론인이 생각하는 언론자유를 직·간접 제한하는 요인 (자료: 한국언론진흥재단)

뉴스에 속지 않으려면 매의 눈을 가져야 한다. 그래야 홍수처럼 쏟아지는
정보 더미에서 좋은 뉴스라는 목표물을 정확하게 낚아 올릴 수 있다. 언제
어떤 괴담에도 흔들리지 않고 핵심을 꿰뚫어 보는 안목을 가질 수 있다.

그런데 매의 눈은 거저 주어지는 법이 없다. 학습을 하지 않으면 매의
눈은 평생 가질 수 없다. 이 학습을 전문용어로 뉴스 리터러시(news lit-
eracy)라 한다.

뉴스 리터러시는 뉴스를 제대로 이해하고 이용할 수 있는 능력을 말한
다. 뉴스에서 정보와 사실과 의견을 구분하고, 좋은 뉴스와 나쁜 뉴스를
가려내는 능력이다. 이를 좀 더 상세히 설명하면,

1. 의식적이든 무의식적이든 여러 매체를 통해 접하는 정보의 질을 빠르게
   판단하고 평가하고 분석하는 능력
2. 민주주의 사회에서 뉴스의 중요성과 디지털 시대 뉴스 소비 생산이
   가지는 의미에 대한 깊이 있는 이해
3. 뉴스 제작과정, 전파과정, 수용과정에 대한 지식을 바탕으로 뉴스에
   들어있는 사실과 의견이 과연 믿을 만한 가치가 있는 것인지 아니면
   편파성이나 왜곡이 존재하는지 판단하는 합리적 사고능력
4. 개인과 집단의 문제 해결을 위해 뉴스에 의존할 때, 그 적합성을 스스로
   평가하는 판단 능력
5. 저널리즘의 기본을 이해하고 수준 높은 저널리즘에 대한 기대를 가짐과
   동시에 언론 현상을 비판적으로 바라볼 수 있는 성숙한 태도
6. 민주시민으로서 활발하게 정치·사회 문제에 참여할 수 있는 적극적
   능력과 자세를 갖추는 것을 목표로 하는 독자적 영역

등으로 나눌 수 있다.(양정애·최숙·김경보, 2015)

하지만 우리는 지금 뉴스 리터러시가 충분히 길러지지 않은 상태다. 뉴스 분별력이 부족한 지금에도 뉴스는 홍수처럼 밀려든다. 눈앞의 뉴스 더미에서 어떤 뉴스를 버리고 어떤 뉴스를 믿어야 할까. 믿고 보는 뉴스와 의심하고 보는 뉴스는 어떻게 구별해야 하나. 필자가 나름대로 정리한 5가지 방법을 소개한다.

1. 매체(브랜드)를 본다.

인터넷에서 뉴스는 탈매체적 소비경향을 띤다고 했다. 남들이 브랜드를 무시하고 닥치는 대로 소비할 때, 꼼꼼히 브랜드를 확인해 가며 뉴스를 보자. 그런 소비를 꾸준히 하다보면 분명 뜻밖의 소득이 생긴다. 언론사별로 뉴스가 어떻게 다른지 '같은 사안 다른 뉴스'가 눈에 들어오기 시작한다. 언론사별 보도경향을 안다는 것은 뉴스 리터러시 교육의 절반을 마친 것이나 다름없다.

2. 출처를 본다.

뉴스에서 전하는 핵심적 사실을 기자가 어떻게 알게 되었는지 출처를 살핀다. '어느 기관, 또는 기업의 발표 자료에 따르면' 또는 '어느 기관이 국회에 제출한 자료에 따르면' 이라는 식으로 출처가 분명하면 그 뉴스는 일단 믿고 봐도 된다. 하지만 출처가 생략돼 있거나, 막연하게 '~한 것으로 알려졌다.' '~것으로 전해졌다.'는 식의 불투명한 술어를 사용하고 있다면 신뢰를 유보하는 게 좋다. 맞을 수도 있지만 틀릴 수도 있다. 반반이라고 생각하면 된다.

3. 사실관계를 본다.

뉴스에는 사실이 들어있다. 누가, 언제, 어디서, 무엇을, 어떻게, 왜라는 6가지 팩트가 필수적으로 들어있다. 이 6가지 팩트가 논리를 갖추고 있는 뉴스라면 일단 믿어도 된다. 대부분의 가짜 뉴스는 허위 사실을 뉴스 형식에 맞춰 쓰고 있지만 자세히 보면 이중 몇 가지 팩트는 빠져 있게 마련이다. 거짓말을 논리적으로 한다는 게 결코 쉬운 일이 아니기 때문이다.

4. 반론을 본다.

좋은 기사라면 기사에 등장하는 당사자의 입장을 교차 확인하는 절차를 거치게 마련이다. 어느 한 쪽의 일방적 입장이나 주장에 근거해 작성된 뉴스는 부정확하거나 편파적일 가능성이 많다. 기사 말미에 상대방의 반론이 아예 없다면 해당 뉴스의 신뢰점수는 낮게 매겨도 된다. 만약 반론이 있다면 그 반론 내용을 곱씹어 읽는 습관이 필요하다. 당사자의 반론을 보면 어디까지가 확인된 사실이고, 어디까지가 미확인 사실인지 쉽게 파악할 수 있다.

5. 바이라인을 본다.

바이라인(byline)이란 기사를 작성한 기자의 이름을 적은 줄을 말한다. 기자가 쓴 모든 뉴스에는 바이라인이 있다. 그래서 기사의 책임소재를 분명히 해준다. 반면 어뷰징 기사에는 바이라인이 없다. 포털에 유통되는 기사를 자세히 보면 '디지털뉴스팀', '온라인뉴스팀', '멀티미디어부', '온라인이슈팀', '뉴미디어부', '00닷컴'이라고 기자 이름 대신 팀명을 적은 게 보인다. 이런 기사는 어뷰징일 가능성이 있다. 어뷰징은 아니라 해도, 적어도 정상적인 취재과정을 거쳐 나온 정품 뉴스는 분명 아니다.

여기에 하나 덧붙인다면, '다른 뉴스를 보라'는 점이다.

뉴스의 신뢰도에 판단이 서지 않을 때 같은 이슈를 다룬 다른 언론의 뉴스를 보면 좋다. 종이신문을 찾아 비교하지 않아도 된다. 포털에서 언론사별 뉴스에 들어가거나 뉴스 검색을 통하면 '다른 브랜드의 뉴스'를 찾는 것은 어렵지 않다.

상품은 브랜드가 다르면 품질도 다르고 스타일도 다르다. 뉴스도 브랜드가 다르면 완성도가 다르고, 가치 지향점이 다르다. 같은 이슈를 다른 관점에서 다룬 뉴스를 찾아 소비하다 보면 자신도 모르는 사이 진실의 문턱에 들어서게 되고, 세상의 지혜를 얻게 된다.

뉴스에 속지 않고 뉴스를 믿고 보려면 이용자 개개인이 뉴스 리터러시 능력을 갖는 게 최선이다. 만약 모든 시민이 뉴스 리터러시로 무장돼 있다면 가짜 뉴스나 어뷰징 같은 문제는 애당초 존재할 수 없다. 세계 각국에서 뉴스 리터러시 교육에 나서는 까닭이다.

참고문헌

강정수(2016), "모두가 아는 검색, 아무도 모르는 검색 알고리즘", 언론중재, Autumn 2016

강정수·이성규·최진순(2015), 『혁신 저널리즘』, 박문각

고은상(2016), "모바일 뉴스의 4요소를 아십니까?", 방송기자, 2016년 9·10월호

김경희(2016), "저널리즘 관점에서 본 모바일 기반 포털 뉴스의 게이트키핑과 이용자의 뉴스이용", 한국언론학보, 2016. 6.

김경희(2015), "포털뉴스 편집현황부터 제대로 알자", 관훈저널, 2015. 12.

김경희·배진아·김유정(2015), 『모바일시대의 포털뉴스 서비스연구』, 한국언론진흥재단

김성해·반현(2011), 『저널리즘의 복원』, 한국언론진흥재단

김아미(2015), 『미디어 리터러시 교육의 이해』, 커뮤니케이션북스(주)

김연식·박남기(2018), "모바일 시대 수용자들은 어떤 뉴스 콘텐츠를 원하는가?", 한국콘텐츠학회, 2018. 5.

김영욱·진민정·강신규(2014), 『저널리즘의 품질』, 한국언론진흥재단

김위근(2011), 『스마트 미디어 시대의 모바일 뉴스이용』, 한국언론진흥재단

김위근·지성우·김경환·박진우·조영신(2014), 『인터넷 뉴스 생태계의 현황과 특성』, 한국언론진흥재단

김익현·남유원(2016), 『해외미디어 동향: 플랫폼은 저널리즘의 친구일까 적일까』, 한국언론진흥재단

김창회(2017), 『멀티미디어시대 실전취재보도론』, (주)나눔커뮤니케이션

남시욱(2007), 『인터넷 시대의 취재와 보도』, 나남

마셜 W. 밴 앨스타인 등(2017), 『플랫폼 레볼루션』, 부키(주)

마이크 워드(2003), 『온라인 저널리즘』, 건국대학교 출판부

맥스웰 맥콤스(2012), 『아젠다 세팅』, (주)웅진씽크빅

모리 다쓰야(2017), 『뉴스사용설명서』, (주)우리교육

민동기·김용민(2016), 『뉴스를 읽어드립니다』, (주)문학동네

박영흠(2018), 『왜 언론이 문제일까?』, 반니

박재영·이재경·김세은·심석태·남시욱(2013), 『한국언론의 품격』, (주)나남

박주현(2018), 『가짜뉴스』, 커뮤니케이션북스(주)

빌 코바치·톰 토젠스틸(2014), 『저널리즘의 기본원칙』, 한국언론진흥재단

손석춘(2017), 『신문읽기의 혁명』, 도서출판 개마고원

손석춘(2017), 『10대와 통하는 미디어』, 철수와영희

손영준(2005), "의제설정의 이론적, 실천적 논의", 관훈저널, 2005. 겨울호

송해엽·양재훈(2017), "포털 뉴스 서비스와 뉴스 유통 변화", 한국언론학보, 61권 4호

심석태 등(2014), 『방송뉴스 바로 하기』, 컬처룩

알랭 드 보통(2014), 『뉴스의 시대』, (주)문학동네

양정애(2016), "뉴스에 대한 이용자의 인식변화, 언론의 법적 개념도 바꿀까?", 언론중재, spring 2016

양정애·최숙·김경보(2015), 『뉴스 리터러식 교육 Ⅰ』, 한국언론진흥재단

엘리엇 킹(2012), 『무료뉴스 인터넷은 저널리즘을 어떻게 바꾸었나?』, 커뮤니케이션북스(주)

오세욱·정세훈·박아란(2017), 『가짜 뉴스 현황과 문제점』, 한국언론진흥재단

오윤(2017), 『자기 배려를 위한 뉴스사용설명서』, 커뮤니케이션북스(주)

월터 리프먼(2013), 『여론』, 까치글방

유일상(2004), 『취재보도 입문』, (주)지식산업사

윤석민·홍종윤·정영주(2017), 『뉴스유통 플랫폼과 언론사 간 상생방안』, 한국언론진흥재단

이고은(2015), 『잃어버린 저널리즘을 찾습니다』, 도서출판 한울

이동훈·김원용(2012), 『프레임은 어떻게 사회를 움직이는가』, 삼성경제연구소

이미나(2011), "신문기사 제공 방식의 차이에 따른 기사 회상과 뉴스 가치 인식 차이에 대한 탐색적 고찰", 한국언론학보, 55권 5호

이민규(2017), "소비자 보호를 위한 광고윤리", 언론중재, 2017. Autumn.

이정환·김유리·정철운 외(2015), 『저널리즘의 미래』, 인물과사상사

임지선(2017), 『나는 신문기자입니다』, 도서출판 들녘

전경란(2015), 『미디어 리터러시의 이해』, 커뮤니케이션북스(주)

정성욱·홍종윤(2017), "모바일 플랫폼 시대의 TV 뉴스", 방송통신연구, 2017년 봄호

조윤호(2016), 『나쁜 뉴스의 나라』, 한빛비즈

존 호헨버그(1999), 『신문방송 취재보도론』, 탐구당

주형일(2017), 『미디어 학교: 소통을 배우다』, 도서출판 우리학교

최경영(2017), 『뉴스는 어떻게 조작되는가?』, 바다출판사

최낙진(2000), 『인터넷 신문』, (주)도서출판 세계사

최민재·김경환(2017), 『4차 산업혁명과 뉴스 생산 전략』, 한국언론진흥재단

최세정·문장호(2017), 『한국형 네이티브 광고 모형 개발』, 한국언론진흥재단

최수진·김정섭(2014), 『인터넷 공간에서 기사 어뷰징 실태 및 개선방안 연구』, 한국언론진흥재단

켈리 리오르단(2015), 『디지털 시대의 저널리즘 원칙』, 한국언론진흥재단

토니 하컵(2012), 『저널리즘 원리와 실제』, 명인문화사

홍성일(2017), 『세상은 어떻게 뉴스가 될까』, 돌베개